Zillertal
Superski

Uitgeverij ANWB

Inhoud

Het belangrijkste eerst
blz. 4

Dit is het Zillertal
blz. 6

Het Zillertal in cijfers
blz. 8

Eten en drinken
blz. 10

 # Het kompas van het Zillertal
15 manieren om je onder te dompelen in het Zillertal
blz. 12

Fügen en Kaltenbach
blz. 15

Strass im Zillertal blz. 16
Schlitters blz. 17

 1 Skiën met de hele familie – **Bovenop de Spieljoch**
blz. 18

Fügen blz. 20

 2 Gratis door het dal – **Met de trein door het Zillertal**
blz. 22

 3 Winterpret buiten de piste – **Fügen**
blz. 26

 4 Hoog in de bergen staat een hutje – **Hochzillertal**
blz. 34

Hochfügen blz. 32
Ried im Zillertal blz. 34
Kaltenbach blz. 36
Aschau im Zillertal blz. 37

 5 Heel veel nieuw – **in Kaltenbach**
blz. 38

Zell am Ziller

blz. 43

Zell am Ziller blz. 44

 6 Historisch verantwoord drinken – **Zillertal Bier**
blz. 48

Hainzenberg blz. 51

 7 Het grootste skigebied van het dal – **Zillertal Arena**
blz. 54

Dieper de vallei in – Gerlos
blz. 57

Gerlos blz. 58

 8 Populair en afgelegen – **Gerlos**
blz. 62

 9 Altijd en overal feest – **de beste après-ski**
blz. 66

Königsleiten blz. 68
Wald blz. 71
Hochkrimml blz. 73

10 Winterwandelen –
Krummbachalm
blz. 74

Krimml blz. 76

11 Bevroren watervallen –
Krimml
blz. 78

Mayrhofen

blz. 81

Mayrhofen blz. 82

12 Wie graag zijn leven waagt
op de piste –
Harakiri
blz. 84

Hippach blz. 89

13 Berg vol rust en ruimte –
Ahorn
blz. 90

Hintertux

blz. 95

Finkenberg blz. 96

14 Tot je niet meer verder kan –
Tuxertal
blz. 98

Tux blz. 101

15 Het dak van het Zillertal –
Hintertuxer Gletscher
blz. 104

Hintertux blz. 106

Reisinformatie
blz. 109

Hoe zegt u?
blz. 114

Register
blz. 115

Fotoverantwoording
blz. 126

Colofon
blz. 127

Het belangrijkste eerst

Het Zillertal in sneltreinvaart
Of meer: in boemeltempo. Met de Zillertalbahn loopt er een historische spoorlijn dwars door het dal. In een uurtje rij je van Jenbach naar Mayrhofen, een afstand van iets meer dan dertig kilometer. Leuk voor wintersporters: heb je een Zillertal Superskipas, een pas dus voor het hele gebied, dan kun je gratis gebruik maken van de trein.

Kaiserschmarrn op de piste
Na een ochtend skiën onder een strakblauwe, ijskoude hemel, over vers geprepareerde pistes, waar heel vroeg zelfs nog de sporen van de pistenbully in de sneeuw staan afgedrukt, is er niets lekkerder dan een bord Kaiserschmarren op een zonovergoten terras. Poedersuiker erop, bakje appelmoes erbij en je bent er weer helemaal klaar voor.

De Icebar in Mayrhofen
Menig (après)-skiër zal bij de Icebar in Mayrhofen zoete herinneringen bovenhalen. Elke dag van het skiseizoen gaat het hier los, met meezingers, dj's, dansende feestgangers op de bar en een enorme opblaasijsbeer boven de ingang. Of je er één biertje (nou vooruit, twee) na het skiën doet of er de hele avond blijft hangen, het is er gegarandeerd feest.

Een gloednieuwe hotspot
In 2018 geopend: de Wimbachexpress. Dat is een gondellift naar 2340 meter hoogte. Op het dak van het bergstation opende meteen Albergo. Luxe hotel, Italiaans restaurant en perfecte plek voor een drankje met uitzicht.

Eén superskipas
De ene dag in de Zillertal Arena, de dag erna in Hochzillertal. Een ochtend op de Ahorn, een middag op de Penken of als het iets warmer is hoog op de altijd koude gletsjer. De Zillertal Superskipass biedt toegang tot het voltallige Zillertal.

Het belangrijkste eerst

Der Holzmichel
Lebt den der alte Holzmichel noch, zongen De Randfichten al. En dat zou maar zo over Fügen kunnen gaan. Want het dorp aan het begin van het Zillertal staat bekend om haar houtindustrie. Daarover valt van alles te ontdekken in de Holzerlebniswelt, een waar pretpark voor houtliefhebbers. En om antwoord te geven op de vraag: ja, er lebt noch (er lebt noch, er lebt noch).

Winterwandelen
Sneeuwpret hoeft niet altijd op de piste plaats te vinden, net als genieten van de bergen. Bind eens de sneeuwschoenrackets onder en trek de minder druk bezochte delen van het dal in. Langs de oevers van de Gerlosbach bijvoorbeeld, of richting de bevroren watervallen in Krimml. Dat zijn de hoogste watervallen van Europa.

Achterin het dal
Goed verscholen, diep achter in het dal, liggen nog enkele prachtige dorpjes. Finkenberg, Tux en Lanersbach bijvoorbeeld. Dorpjes in het Tuxertal, een zijdal van het Zillertal. De huizen tegen de flanken van de berg geplakt, met een kerktoren die er bovenuit steekt en die op zondagochtend het enige geluid in het dal produceert.

En bovenop de gletscher
Rij je door, tot je niet meer verder kunt, dan bots je op een muur van ijs, sneeuw en rotsen. De Hintertuxer Gletscher. Gelukkig gaat er een kabelbaan omhoog, en eentje daarna, en nog een handvol stoeltjes- en sleepliften. Skiën tot 3250 meter hoogte, het hele jaar door. Want hier ligt altijd sneeuw.

Vijfentwintig jaar geleden leerde ik skiën op de pistes van Kaltenbach en Hochzillertal. Inmiddels kom ik bijna elk jaar weer terug in dit prachtige Oostenrijkse dal. Vanwege de variatie op de piste, de eeuwige sneeuw op de gletsjer en de typisch Tiroolse hoempapa-jodelahiti-gemütlichkeit.

Vragen? Ideeën?

Laat het me weten! Mijn adres bij de ANWB:

 anwbmedia@anwb.nl

Dit is het Zillertal

Als er één regio in Oostenrijk is waar je van op aan kunt in de winter, dan is het wel het Zillertal. Tiroler gezelligheid, een gevarieerd winteraanbod en mocht het met de sneeuwcondities tegenvallen, kun je altijd uitwijken naar de Hintertuxer Gletscher. Het Zillertal bestaat uit vier uitgebreide skigebieden: Hochzillertal-Hochfügen-Spieljoch, Zillertal Arena, Mayrhofner Bergbahnen en Ski- & Gletscherwelt Zillertal 3000. Gecombineerd zorgt dat voor 515 kilometer aan geprepareerde pistes en 179 liften. Tel je alles bij elkaar op, dan zou het volledige Zillertal bij de grootste drie skigebieden ter wereld horen.

Een eeuwenoude geschiedenis

Het Zillertal is een relatief breed dal in het district Schwaz. Het is een zijdal van het Inndal en buigt een kilometer of veertig ten oosten van Innsbruck af in zuidelijke richting. Daardoor grenst het aan de Italiaanse regio Zuid-Tirol, waar de Zillertaler Alpen liggen. Dieper in het dal kent het Zillertal ook enkele zijdalen. Het Tuxertal en het Gerlostal zijn de bekendste daarvan.

Over een lengte van iets meer dan dertig kilometer rijgen de typisch Tiroolse dorpjes zich aan elkaar. Het ene wat groter dan het andere, sommige in het midden van het dal, anderen meer tegen de beginnende berghellingen geplakt. De eerste plaats van betekenis is Fügen, meteen het grootste dorp van het dal. Al in de bronstijd werd deze plaats door mensen bewoond. In de loop van de geschiedenis heeft het dorp altijd een belangrijke plaats ingenomen in de regio. Vanwege de ijzerindustrie in de Middeleeuwen tot aan de houtproductie die tegenwoordig nog steeds een zichtbare rol in het dal speelt.

De kenmerkende Zillertalbahn

Niet alleen de rivier de Ziller, waar het dal haar naam aan te danken heeft, doorsnijdt het Zillertal. Parallel eraan loopt de Zillertalbahn. Deze beroemde spoorlijn kent een geschiedenis die teruggaat naar de 19e eeuw. Toen werd de paardenkoets vervangen door de stoomtrein. Later werd de trein een belangrijke schakel in de industriële en economische ontwikkeling van het dal, tegenwoordig worden er vooral toeristen vervoerd over het spoor. Handig: met de Zillertaler Superskipass, een skipas voor het volledige pisteaanbod in het Zillertal, is reizen met het openbaar vervoer gratis. Inclusief de Zillertalbahn.

De zijdalen van het Zillertal

Blijf je de rivier en het spoor volgen, dan kom je via Kaltenbach, Zell am Ziller en Hippach uiteindelijk terecht in Mayrhofen. Hier houdt niet alleen de spoorlijn op, maar ook het dal zelf. Dan zijn er alleen nog zijdalen van het Zillertal. De eerste is het Gerlostal, waar met Gerlos een van de bekendste winterbestemmingen van heel Oostenrijk ligt. Hier vind je de typisch Tiroolse combinatie van rust en gezelligheid. Wie het Gerlosdal

Dit is het Zillertal

Verreweg de belangrijkste reden voor een winters bezoek aan het Zillertal: skiën.

betreedt, waant zich heel even aan het einde van de wereld, omringd door niets anders dan bergen en natuur. Maar de andere kant van Gerlos is dat je er na het skiën nachtenlang door kunt feesten. De après-ski is er wereldberoemd. En toch staan beide kanten elkaar niet in de weg. Het zorgt ervoor dat er toeristen uit alle windstreken op af komen.
Een ander populair zijdal is het Tuxertal. Hier ligt de weg naar de Hintertuxer Gletscher, een uniek skigebied in niet alleen Oostenrijk, maar de hele wereld. De gletsjer biedt de mogelijkheid om het hele jaar door te skiën, ook in de zomer. Vanwege de hoogte – je kunt hier tot 3250 meter boven zeeniveau de piste betreden – ligt hier altijd goede sneeuw.

Overal de piste op

Want dat is uiteindelijk verreweg de belangrijkste reden voor een winters bezoek aan het Zillertal. Bijna elk dorp is hier wel gekoppeld aan een skigebied. Of je nou helemaal in het begin van het dal in Fügen een kabelbaan omhoog neemt of pas aan het eind in Hintertux: overal liggen er prachtige afdalingen op je te wachten. Vanwege de variatie in omgeving en moeilijkheidsgraad is het een aanrader om de Zillertaler Superskipass te nemen. Met deze skipas kun je namelijk in het hele Zillertal terecht. Op de Spieljoch, in Gerlos en Königsleiten, maar ook op de huisberg van Mayrhofen of de Hintertuxer Gletscher.

En genoeg moois erbuiten

Maar vergeet ook niet dat er buiten de piste meer dan genoeg moois te zien is. Langlaufers en wandelaars kunnen hun winterhart ophalen in het Zillertal. Nationaal Park Hohe Tauern, dat tegen het Zillertal aanschuurt, is een van de hoofdattracties voor natuurliefhebbers. Met de Krimmler watervallen als absolute publiekstrekker.

Het Zillertal in cijfers

5
zijdalen kent het Zillertal. Het Gerlostal, Zillergrund, het Stilluptal, Zemmgrund en het Tuxertal.

9
natuur- en kunstijsbanen, waarvan er 6 geschikt zijn voor Eisstockschießen.

14
rodelbanen zijn er in het dal aangelegd, met een totale lengte van 43 kilometer.

47
kilometer is de lengte van het dal, van Strass tot aan Hintertux.

74,5
procent van al die pistes staan binnen het bereik van sneeuwkanonnen.

180
kilometer aan loipen, waarop gelanglaufd kan worden in zowel de klassieke als vrije stijl.

400
kilometer aan schitterende winterwandelpaden.

515
kilometer aan geprepareerde pistes zijn beschikbaar met de Zillertaler Superskipass.

1098

km² bedraagt de oppervlakte van het Zillertal; ongeveer 9% daarvan is woongebied.

1485

hectare aan piste is er in het Zillertal - dat is ruim 7x de oppervlakte van Monaco.

3.509

meter hoog is de top van de Hochfeiler, en daarmee het hoogste punt van het Zillertal.

15.000

beschikbare bedden in vier- of vijfsterrenhotels.

35.500

inwoners telt het Zillertal – die wonen verspreid over 25 gemeentes.

4.487.000

overnachtingen werden er vorige winter in totaal geboekt.

365

dagen sneeuwgarantie per jaar, dankzij de Hintertuxer Gletscher.

Eten en drinken

Zoals in zo veel bergregio's is de lokale keuken ook in Tirol in twee woorden te vangen: traditioneel en voedzaam. De eerste voorwaarde waar het eten aan moet voldoen is dat je na een maaltijd weer met kracht in je lichaam naar buiten kunt. Maar alleen daarmee zouden we de Tiroolse keuken tekort doen. De traditionele gerechten zijn ook nog eens erg smaakvol. Het zorgt voor een uiterst prettige combinatie, zeker als je zelf de hele dag actief bent in de bergen.

Traditionele restaurants
Ook in het restaurantaanbod in het Zillertal is die traditionele keuken terug te zien. Of je nou in een almhut op een bergflank eet of in een stube in het dorp, met trots zal een kaart vol Tiroolse specialiteiten geserveerd worden.
Dat gaat gepaard met het gebruik van lokale producten en soms eeuwenoude recepten.
Ook op de piste is een aantal toprestaurants te vinden, sommige zelfs bekroond met koksmuten van Gault MIllau.
Vast onderdeel van de Tiroolse gastvrijheid: een glaasje, vaak zelfgestookte –schwnaps.

Schnaps
Dé alcoholische specialiteit uit het Zillertal én de rest van Oostenrijk is schnaps. Wat wodka is voor de Russen, is schnaps voor de Oostenrijkers. Een drankje om je goede bedoelingen mee te tonen, om de kou mee te bestrijden of om bepaalde kwaaltjes mee te bestrijden. Schnaps kan in ieder geval geen kwaad dus, tenzij je er te veel van drinkt. Het alcoholpercentage ligt

---

OVERAL OP DE KAART: KAISERSCHMARRN

Als er één gerecht in elk restaurant op de kaart staat, dan is het wel Kaiserschmarrn. Je moet alleen wel even weten waar je deze Oostenrijks/Beierse specialiteit vindt. Ondanks dat je er qua energie en calorieën makkelijk een hele middag op kunt skiën, is het gerecht een dessert. Het is een in stukken gesneden luchtige pannenkoek met rozijnen, bestrooid met poedersuiker en soms kaneel. Vaak krijg je er een bakje appelmoes of pruimenjam bij. Het gerecht heeft zijn naam te danken aan keizer Franz Joseph. Volgens de legende kreeg hij tijdens een jachtpartij een vergelijkbaar gerecht voorgeschoteld, maar per ongeluk. Op de boerderij waar hij at, was het de bedoeling dat hij een pannenkoek zou krijgen. Dat ging echter dusdanig mis, dat de boerin die hem het bord voorzette, zei dat het 'schmarrn' was. Rommel. De keizer dacht daar anders over, die vond het heerlijk. Er gaan trouwens ook andere verhalen over de herkomst van het gerecht. Dat het toetje eigenlijk voor keizerin Sisi bedoeld was, maar dat zij er niet van kon genieten. Uit hoffelijkheid naar zijn kok toe, at Franz Joseph het maar op. En zo zijn er nog meer legendes die dit beroemde gerecht proberen te verklaren. Eén element hebben ze in ieder geval allemaal gemeen: de Kaiserschmarrn zijn in elk verhaal per ongeluk ontstaan.

gemiddeld rond de 40%. Het drankje is helder en heeft een lichte fruitsmaak, zoals peer, kersen of abrikoos. Omdat het Duitse woord voor fruit 'Obst' is, wordt het drankje ook wel **Obstler** genoemd.

Jausenstations
Als een Oostenrijker een tussendoortje eet, dan heet dat een Jause. Op elke berg is dan ook wel een Jausenstation te vinden, een berghut waar je een makkelijke maaltijd kan krijgen. Vraag naar een Brettljause en je krijgt een houten plank met brood en allerlei soorten kaas, worst, geserveerd met augurken en mierikswortel.

Oostenrijkse wijn
De Oostenrijkse wijngebieden liggen allemaal in het uiterste oosten en zuidoosten van het land, maar dat betekent niet dat er in de rest van Oostenrijk geen wijn wordt gedronken. Zoals overal is ook in Tirol de **Grüner Veltliner** populair, de nationale trots. Op winterse avonden zal je echter eerder een glas **Zweigelt** voorgeschoteld krijgen. Het is de meest voorkomende blauwe druif in de wijnbouw van Oostenrijk, en goed voor een heerlijke, toegankelijke rode wijn.

Nog zo'n deegspecialiteit uit Oostenrijk: Germknödel. De letterlijke vertaling ervan is deegknoedel, en één blik op je bord doet je snappen waarom. Het is een grote, ronde bol van brooddeeg, gevuld met pruimencompote en overgoten met gesmolten boter en/of vanillesaus. De Germknödel eet je warm, bestrooid met maanzaad en poedersuiker.

ZILLERTALER KRAPFEN

Vrijwel elke inwoner van het Zillertal zweert bij dit gerecht: Zillertaler Krapfen. Goudbruine deegflappen met een inhoud van aardappelen en kaas.

Ingrediënten voor 4 personen:
1/2 kilo roggebloem
1 ei en 1/4 liter water
1/4 kilo droge kwark
300 gram Graukäse
4 gekookte aardappels
bieslook, zout en peper
zonnebloemolie

Bereiding
Maak met de bloem, olie, zout en 200 ml lauwwarm water het deeg.

Kook ondertussen de aardappels en meng ze geschild en geperst met kwark, Graukäse, bieslook, zout en peper. Verdun met water tot het smeerbaar is.
Vul het deeg met de vulling, vouw dubbel en druk de randen goed aan. Bak ten slotte de krapfen in een pan goudbruin.

Het kompas van het Zillertal

#2
Gratis door het dal –
**met de trein door
het Zillertal**

#3
Winterpret buiten de
piste – **Fügen**

EEN SKI-
DORP MET
ZIJN TIJD
MEE

TSJOEKETSJOEKETUUTUU

#1
Skiën met de hele
familie – **bovenop
de Spieljoch**

HET EERSTE SKIGEBIED
VAN HET ZILLERTAL

WAAR BEGIN IK?

{ **365** DAGEN
PER JAAR
SKIËN }

#15
Het dak van het
Zillertal – **Hintertuxer
Gletscher**

Rast-
kogel
& Eggalm

De huisberg van Mayrhofen

De steilste piste van Oostenrijk

#14
Tot je niet meer
verder kan –
Tuxertal

#13
Berg vol rust
en ruimte –
Ahorn

#12
Wie graag zijn leven
waagt op de piste –
Harakiri

Fügen en Kaltenbach

Helemaal aan het begin van het Zillertal liggen Fügen, het grootste dorp van het Zillertal, en Kaltenbach, de toegangspoort tot een van de populairste skigebieden van heel Oostenrijk. Het zijn de blikvangers van de 'Erste Ferienregion im Zillertal', zoals de officiële benaming van in totaal twaalf dorpen in de nabije omgeving luidt. Met een grote variatie in aanbod zowel op als buiten de piste. Moderne skiliften, veelgeprezen berghutten en een keur aan hotels en restaurants. Dankzij de Zillertalbahn zijn de dorpen onderling goed te bereiken.

Strass im Zillertal

📖 A 6

De plaats waar je het Zillertal betreedt, is Strass im Zillertal. Een klein dorp, met nog geen negenhonderd inwoners, waar je in de winter vanuit toeristisch oogpunt met maar één doel naartoe komt: rust. In Strass ligt geen aangrenzend skigebied. De Spieljochbahn in Fügen, die toegang biedt tot de eerste skimogelijkheden, ligt op een kleine tien kilometer, zo'n vijftien minuten rijden. Kaltenbach is nog eens tien minuten verder.

Elk nadeel heeft z'n voordeel
Dat brengt voor- en nadelen met zich mee. Om met de nadelen te beginnen: een echte wintersportsfeer zal je niet snel vinden in Strass. Daarvoor mist het dorp simpelweg de connectie met het skiën. De Tiroler Straße is een ongezellige, doorgaande weg die langs een onpersoonlijk bedrijventerrein voert. Gelukkig ligt er nog een verzameling dorpsstraten achter, die een stuk meer uitnodigen. Hier vind je alles wat een klein Oostenrijks dorp te bieden heeft: postkantoor, kerk, een aantal overnachtingsadressen en een handvol eetgelegenheden. Vaak zijn die twee categorieën ondergebracht bij dezelfde gastheer. In de kleinere straatjes krijg je ook meteen het winterse vakantiegevoel weer terug. Het uitzicht op de omliggende bergen is veelbelovend. Het voordeel van Strass im Zillertal is dat je doorgaans een stuk minder betaalt voor je overnachting. Zo zijn er al Gasthöfe die voor € 35 per persoon per nacht een kamer aanbieden, inclusief ontbijt. Wie het niet erg vindt om elke dag een stukje te rijden naar het skigebied, of de gratis trein te pakken, kan hier qua budget en prijs een buitenkansje vinden.

🏠 Eeuwenoud hotel
Gasthof Hotel Post
Meer dan tweehonderd jaar oud en gelegen midden in de dorpskern van Strass.

Schlitters ligt aan het begin van het Zillertal. Een eigen skigebied heeft het dorpje niet, toch zijn er genoeg wandelmogelijkheden op de Schlitterberg.

Fügen en Kaltenbach ▶ Schlitters

Oberdorf 6, A-6262 Strass im Zillertal, tel. 52 44 62 119. www.gopost.at. 2 pk vanaf € 110, inclusief ontbijt

🏠 Net buiten Schlitters
Aktivhotel Eberleiten
Hotel zonder opsmuk in een prachtige, rustige omgeving. Zeer welkom voor jongeren en actieve vakantiegangers. Daardoor ook vriendelijk geprijsd.
Imming 18a, 6260 Bruck am Ziller, tel. 52 88 72 411, www.eberleiten.at. € 37 pp. incl. ontbijt; halfpension € 49

🍔 De enige Mac van het Zillertal
McDonald's
Omdat er altijd wel iemand zin heeft in McDonald's, ook al is het onderweg. Er zit er één in het Zillertal, in Schlitters.
Schlitters 27e, 6262 Schlitters. tel. 52 88 87 170, www.mcdonalds.at, dagelijks geopend van 7-1 uur (op vr. en za. tot 2 uur)

🌀 Sport en activiteiten
Mietski
Heeft verschillende vestigingen in het Zillertal waar je ski- en snowboardmateriaal kun huren. Het best is om te kijken op de website van het bedrijf: www.mietski.com. Daarop is alle informatie in het Nederlands te vinden. Vroegboekers profiteren bij deze zaak van hoge korting.
Gerwebepark 27f, 6262 Schlitters, tel. 72 13 21 20 01 10, www.mietski.com

ℹ️ Info
Zillertal Tourismus: Bundesstraße 27d, tel. 52 88 87 187, www.zillertal.at. Openingstijden: ma.-do. 8.30-12 en 13-17.30, vr. 8.30-12, za., zo. gesloten.

Schlitters 📖 A 6

Een stuk groter dan Strass im Zillertal is Schlitters. Met 1.400 inwoners is dit een charmant dorp dat een stuk meer te bieden heeft dan zijn kleinere buurman. Onderdeel van Schlitters is het vierhonderd meter hoger gelegen Schlitterberg.

DICHTER BIJ DE HEMEL

Prachtig uitkijkend over Strass ligt op een bergflank de Wallfahrtskirche Maria Brettfall. De kerk staat er al sinds 1729, en herbergt een aantal prachtige schilderijen en andere kunstwerken uit de tweede helft van de achttiende eeuw. Tegenwoordig is de kerk ook een Jausenstation, waar je kunt eten. De kerk is van donderdag t/m maandag geopend vanaf 9 uur. Op zondag om 15 uur vindt de dienst plaats. De wandeling vanaf Strass is maar kort en duurt ongeveer een kwartier.
Meer wandelmogelijkheden in de omgeving zijn aanwezig: tel. 664 30 41 300, e-mail: maria.brettfall@gmail.com.

Let op: hier kun je niet vanuit Schlitters met de auto komen. De enige optie is om er vanuit Rotholz, een klein dorpje in het Inntal om de hoek van Strass im Zillertal, te komen. Dat betekent een kleine omweg, die echter wordt terugbetaald met een prachtig uitzicht.

Een lange geschiedenis
Hoewel Schlitters maar klein is, gaat de geschiedenis van het dorp ver terug. Ooit ontstaan aan de oevers van de

Hier ligt ook de Stoixnerhof (www.stoixnerhof.at), een vakantiehuis op 1000 meter hoogte, geschikt voor groepen tot zes personen. Buiten het hoogseizoen is de prijs per nacht € 132, wat neerkomt op € 22 per persoon.
Nr. 15, 6262 Schlitters, tel. 52 88 72 488, info@stoixnerhof.at

 # 1

Skiën met de hele familie – **bovenop de Spieljoch**

Het lijkt bijna een vergeten hoekje van het Zillertal. Als je niet oppast, rij je er zo voorbij. En dat terwijl de Spieljoch het allereerste skigebied van het dal is. Van oudsher een gebied voor families. Een rustige berg, met niet al te moeilijke pistes, waar je zelden in de rij hoeft te staan voor de lift en waar je als ouder met een gerust hart je kinderen van de piste af kan laten gaan; op de Spieljoch raak je niet snel iemand kwijt.

Nog niet zo lang geleden ging het hele gebied op de schop. De oude Spieljochbahn, een klassieke gondellift waar het al knus was als je met vier personen in een cabine plaatsnam, werd paal voor paal uit de grond getrokken. De drie stations (in het dal, halverwege en op de top) gingen volledig tegen de vlakte; de palen op de berg werden door helikopters als Djenga-houtjes naar beneden gevlogen.

De Spieljoch is een compacte en overzichtelijke berg, een ideaal gebied voor families en kinderen.

Feestelijke opening

Begin 2018 was de metamorfose klaar en volgde een feestelijke opening. Met een handvol saluutschoten, de lokale blaaskapel in klederdracht en ingezegend door de priester, werd de eerste nieuwe cabine officieel naar 1860 meter hoogte gebracht. Eén cabine biedt plaats aan tien personen. Per uur kunnen er drieduizend personen met de lift worden vervoerd: het dubbele van de oude kabelbaan.

Nog steeds een familiegebied

Die vernieuwingen doen niets af aan het karakter dat de Spieljoch al had. Nog steeds is het gebied bij uitstek geschikt voor families en beginners. Dat klinkt misschien gek, als je een blik werpt op de pistekaart. Er zijn voornamelijk rode pistes te vinden. Slechts één afdaling is blauw: piste 1a die langs de Möslift loopt. Toch zijn er veel voordelen voor de niet al te ervaren skiër. Ondanks

Bovenop de Spieljoch #1

de rode paaltjes aan weerszijden van de meeste afdalingen blijft de moeilijkheidsgraad binnen de perken. En de slechts 21 kilometer aan pistes brengen het grootste voordeel met zich mee: het is hier compact.

Plezier op de berg

Tel daarbij op dat er genoeg mogelijkheden zijn om je op de berg te vermaken, ook als je even geen zin hebt om te skiën of snowboarden. Er is een rodelbaan van 5,5 kilometer en er zijn zes verschillende bergrestaurants. Van de **Kohleralmhof**, een populaire plek bij het middenstation van de Spieljochbahn, tot de kleinere maar niet minder gezellige **Schihütte** 1, aan de voet van de Onkeljochlift. Terug naar het dal kan je op twee manieren. Eind van de middag met de gondel, of over de acht kilometer lange dalafdaling vanaf Onkeljoch, die bij het dalstation van de Spieljochbahn weer uitkomt. Wie helemaal geen zin heeft om de berg te verlaten, blijft in de **Kohlerhütte** slapen.

Om het skigebied Spieljoch in de toekomst volledig aansluiting te laten vinden met Hochzillertal komt er een hypermoderne verbinding tussen de twee gebieden. 3-S Top of the Alps moet de cabinelift gaan heten, die 1800 personen per uur van de Onkeljoch naar de Wetterkreuzspitze zal vervoeren. Dat gebeurt in ongeveer tien minuten. De lift staat gepland voor 2020.

INFO EN OPENINGSTIJDEN

In het seizoen 2018/2019 is de **Spieljochbahn** geopend van 08-12-2018 tot 22-04-2019. Elke dag vertrekt om 8.30 uur de eerste lift omhoog. De laatste afvaart naar het dal is om 16.30 uur. Prijs dagkaart volwassene: € 54. Middagkaart: € 27 vanaf 13.50 uur. Dagkaart jeugd (15-18 jaar) € 43, kinderen van 6 tot 14 jaar € 24,50. www.spieljochbahn.at.

ETEN EN SLAPEN

De **Kohleralmhof** 1 ligt op 1200 meter hoogte direct aan de piste. Betaalbaar eten, binnen bij de open haard of buiten op het zonterras met prachtig uitzicht. Openingstijden gekoppeld aan de Spieljochbahn, www.kohleralmhof.at.

De **Kohlerhütte** 1: biedt plaats aan 8 personen en is te huur per week. De hut ligt direct aan de piste. Prijzen variëren door het seizoen heen, kijk daarvoor op www.huetten.at of www.kohleralmhof.at.

Uitneembare kaart: C1

Fügen en Kaltenbach ▶ Fügen

Öxlbach, een klein zijriviertje van de Ziller, werd hier onder meer zilver en koper gewonnen. De eerste tekenen van Schlitters voeren terug tot de 10e eeuw, toen het vermeld stond als 'Slitteres'. Een ander stukje niet te missen historie is te vinden in het midden van het dorp. De St. Martinskerk, de Heiliger Bischof Martin, gebouwd in het jaar 1740, huisvest muur- en plafondschilderingen van Josef Anton Mayr. De kerk is gebouwd in de barokstijl.

Genoeg te zien en te doen

Daarbuiten is er zowel in Schlitters zelf als in de omgeving genoeg te zien en te doen. Net buiten het dorp ligt de Schlitterer See, een klein meer met een café en speeltuin en tevens vertrekpunt van verschillende wandelroutes door de omgeving. Aan de andere kant van het dorp, richting het westen, ligt de **Öxlbach Wasserfall**, een niet al te grote waterval die ook te voet te bereiken is. Wandel hiervoor vanaf Gasthof Jäger door het dorp, neem de brug aan het eind van het dorp en blijf de borden Wildbachklamm volgen. De wandeling is niet moeilijk en duurt ongeveer een uur en een kwartier. Schlitters zelf biedt een aardige variatie aan accommodaties en restaurants. Daarnaast zijn ook andere voorzieningen aanwezig, zoals een supermarkt en een aantal winkels.

Fügen 🗺 A 6

plattegrond ▶ blz. 24

De belangrijkste plaats in het Zillertal is Fügen. De combinatie van economische activiteit – die wordt aangevoerd door houtfabrikant Binderholz, een van de marktleiders op de Europese houtmarkt – en voorzieningen voor toerisme maakt de plaats zeer geliefd.

Finsing, Gunzina, Fügen

Net als bij Schlitters voert de geschiedenis van Fügen ver terug. Opgravingen in de jaren tachtig toonden aan dat er in de bronstijd al mensen woonden. In de loop van de geschiedenis kende de plaats namen als Finsing en Funzina, vanaf het begin van de 12e eeuw volgt de naam Fügen zelf. Tot begin 19e eeuw hoorde Fügen bij aartsbisdom Salzburg. Pas daarna werd het onderdeel van Tirol.

OP EN ROND DE PISTE

Gratis skibussen vanuit Fügen
Vanuit Fügen heb je verschillende opties om de piste op te gaan. De meest voor de hand liggende is met de **Spieljochbahn** ❷ het gelijknamige gebied Spieljoch in (▶ blz. 18 en 19). Daarnaast zijn er verbindingen naar skigebieden in de buurt. Zo is er een gratis busverbinding naar **Hochfügen** en kun je met de Zillertalbahn (trein) in Kaltenbach, Zell am Ziller en Mayrhofen komen. Tussen 08.00 uur in de ochtend en 16.45 uur in de middag vertrekt de skibus nagenoeg elk kwartier. Er zijn verschillende opstaphaltes in het dorp, het makkelijkst is het station (Bahnhof) of Hotel Post via een stop bij de Spieljochbahn rijdt de bus door Fügenberg omhoog naar Hochfügen. De reistijd van het station in Fügen tot aan de kassa's van de kabelbaan in Hochfügen is zo'n veertig minuten. Wie minder

Aan de voet van de Spieljochbahn is een speciaal stukje land ingericht voor de skischolen. In deze kinderweide is een skischoollift aanwezig, en kunnen de allerkleinsten de beginselen van het skiën leren zonder de berg op te hoeven. Ouders kunnen hun kinderen in goede handen achterlaten, en zelf met de Spieljochbahn de berg op. Beneden blijven kan natuurlijk ook. Aan de rand van de kinderweide zijn verschillende mogelijkheden voor koffie.

Fügen en Kaltenbach ▶ Fügen

Schloss Fügen is met name rond de advent druk met activiteiten en evenementen.

lang in de bus wil zitten maar toch de oversteek wil maken, heeft de optie om via het skigebied te gaan. Halverwege ligt de Panoramabahn GEOLS. Deze kent een dalafdaling, maar dit is een zwarte piste en dus niet geschikt voor iedereen. Vanaf het dalstation van de gondel is het ongeveer tien minuten met de shuttlebus naar het skigebied van Hochfügen. Ook deze bus vertrekt de hele dag door elk kwartier.

Winterwandelen vanuit het dorp ...
Fügen kent vijftig kilometer aan hiking trails die ook in de winter goed worden onderhouden. Vanuit het centrum van het dorp vertrekken er zes verschillende routes. Die lopen in alle richtingen. Er voert een pad langs het water van de Ziller, en wie oversteekt naar de dorpskernen Niederhart en Hart im Zillertal, kan meerdere wandelingen combineren en de moeilijkheidsgraad voor zichzelf wat hoger maken. Alle wandelroutes zijn te vinden op de, ook Nederlandstalige, website www.best-of-zillertal.at.

... of op de berg
Ook op de berg Spieljoch zelf zijn wandelmogelijkheden. In Fügenberg is het mogelijk om met een gekwalificeerde gids sneeuwschoenwandelingen te maken. Die duren tenminste drie uur, waardoor je verzekerd bent van een mooie ervaring in de natuur, helemaal met de kennis en ervaring van de gids die de weg wijst. Contactpersoon voor de wandelingen: Alexandra Wechselberger, Konrad-Egger-Weg 6, 6264 Fügenberg, tel. 650 93 03 236, www.alexwex.at.

ETEN, SHOPPEN, SLAPEN

Overnachten

Luxe en ontspannen
Sport en Wellness Hotel Held
Wintersport op niveau. Hotel Held biedt alles wat betreft comfort, inclusief spa & wellness.
Kleinbodenererstraße 6, 6263 Fügen, tel. 52 88 62 386, www.held.at, 2 pk vanaf € 139

Halverwege de berg
Sonnberg
Boven Fügen, in de schaduw van de Spieljochbahn, ligt Jausenstation Pension Sonnberg. Betaalbaar en vooral voorzien van rust, op een hoogte van

Gratis door het dal – met de trein door het Zillertal

Wie hoog boven het Zillertal zou hangen, zou twee dingen opvallen: een bij vlagen helderblauwe, snelstromende rivier en een spoorlijn waarover een paar keer per uur een knalrood ▼ treintje boemelt.

Die eerste is de Ziller, de rivier waaraan het dal haar naam te danken heeft. Het is een zijrivier van de Inn, die op net geen 2900 meter hoogte dicht bij de bergtop **Dreiecker** ontspringt. Die bergtop heet niet voor niets zo, hier ligt de grens tussen Tirol, Salzburg en het Italiaanse Südtirol. Zesenvijftig kilometer later mondt de rivier uit in de Inn, met water opgenomen uit zijrivieren zoals de Zemmbach, de Tuxerbach en de Gerlosbach; stroompjes die door de zijdalen van het Zillertal lopen.

Ieder jaar rijdt met oud en nieuw de Silvesterzug over de Zillertalbahn: een historische stoomtrein die op 31 december het oude jaar gedag zegt en het nieuwe inrijdt. Hoogtepunt is de Kristallwaggon, met 62.000 Swarovski kristallen.

Historische spoorlijn

Naast het water, waar zalm en forel in zwemt, loopt een spoorlijn: de **Zillertalbahn**. Een historische spoorlijn, die zijn oorsprong vindt in de tweede helft van de 19e eeuw. Tot 1863 reisde men in het Zillertal met een paardenkoets. Dat duurde zo lang dat er halverwege, in Zell, een overnachting bij de reis zat inbegrepen. Eind 19e eeuw werd besloten dat dit anders moest. Er werd geld bij elkaar gezocht, rond de eeuwwisseling werd begonnen met de aanleg van de spoorlijn en in december van 1900 lag er ruim tien kilometer aan spoor, naar Fügen. Uitbreidingen volgden in de jaren erna. Naar **Kaltenbach**, naar **Zell am Ziller**, en met overheidsgeld uiteindelijk naar **Mayrhofen**, ook vandaag nog het eindpunt van de lijn.

Klein lijntje, grote daden

Hoewel de Zillertalbahn niet lang is, net geen 32 kilometer, heeft het in de loop der tijd een belangrijke rol gespeeld in de economische ontwikkeling van het Zillertal. Het spoor werd

Met de trein door het Zillertal #2

Een snowboarder wacht tot de Zillertalbahn vertrekt.

gebruikt om magnesiet te vervoeren, een mineraal dat in Tux uit de bergen werd gehaald. Later, toen er in Mayrhofen een energiecentrale werd gebouwd, werd er over de lijn meer dan 325.000 ton cement vervoerd. Ook voor het vervoer van hout was de Zillertalbahn lange tijd onmisbaar. Tot een paar jaar geleden. In 2013 stapte houtproducent Binderholz uit Fügen over op vervoer met vrachtwagens.

Gratis met je skipas

Tegenwoordig vervoert de Zillertalbahn vooral toeristen. Er rijden historische stoomtreinen, vooral in de zomer. Die nemen bezoekers mee terug in de tijd met personeel in traditionele kleding en een heuse **'Zillertaler Alpenstube'**, een historische restauratiewagon. Maar bovenal geldt er op het spoor de normale dienstregeling van de Zillertaler Verkehrsbetriebe AG.

Twee keer per uur vertrekt er uit beide richtingen een trein door het dal. Dat is niet alleen leuk, het is ook nog eens handig voor wintersporters. Met de Zillertal Superskipas reis je namelijk gratis met de trein. Zo combineer je makkelijk de skigebieden van Mayrhofen met die van Fügen, Kaltenbach en Zell am Ziller.

INFO EN OPENINGSTIJDEN
De reistijd van Jenbach naar Mayrhofen is 52 minuten. De eerste trein uit Jenbach vertrekt om 6.30 uur, de laatste om 20 uur. Andersom: eerste trein om 5.46 uur, laatste om 19.49 uur. Prijs enkele reis € 7,40; met skipas is het gratis. www.zillertalbahn.at.

Uitneembare kaart: C 2 | **Plattegrond:** ▶ blz. 24

FÜGEN

Overnachten
1. Hotel Held
2. Sonnberg
3. Geolsalm

Eten en drinken
1. River Side Bar
2. Villaggio

Skiverhuur
1. Alpin
2. Unterlercher
3. Bründl
4. Kostenzer

Uitgaan
1. Pizz Pub
2. Kosis
3. Nightzone

Sport en activiteiten
1. Erlebnistherme
2. Spieljochbahn

Fügen en Kaltenbach ▶ Fügen

940 meter boven zeeniveau.
Lagstattweg 11, 6264 Fügenberg, tel. 52 88 62 484, www.sonnberg-zillertal.at. Kamer met ontbijt vanaf € 30, halfpension € 40

Boven in het skigebied
Jausenstation Geolsalm ❸
Appartementen bovenop de Spieljoch, dus 's ochtends vroeg meteen de piste op, zonder in de rij voor de lift te staan.
Fügenberg 43, 6264 Fügenberg, tel. 676 75 55 397, www.haussporer.com, prijs op aanvraag

🍴 Eten en drinken

Muziek, bier en burgers
River Side Bar ❶
Eenvoudig concept, soms met live-muziek.
Schöffstallstrasse 1, 6263 Fügen, tel. 69 91 05 46 739, www.river-side.bar, di.-zo. 17-2 uur, entree vanaf € 9,50

Eenvoudig Italiaans
Villaggio ❷
Lekkere pizza's, wel reserveren!
Karl-Mauracher-Weg 38, 6263 Fügen, tel. 52 88 64 007

🎿 Skiverhuur

Er zijn in Fügen verschillende sportwinkels die ski- en snowboardmateriaal verhuren, zoals **Alpin Schiverleih** , aan de voet van de Spieljochbahn. Daar zijn ook **Unterlercher Sport 2000** ❷ en **Intersport Bründl** ❸ te vinden. Meer in het centrum zit **Schischule & Schiverleih Kostenzer** ❹ waar je ook lessen kunt boeken.

✨ Uitgaan

Naar eigen zeggen legendarische feestavonden vinden er plaats in de **Pizz Pub** , bij het dalstation van de Spieljochbahn.
Live-muziek en feest in het centrum van Fügen is te vinden bij **Kosis** ❷ (Dorfplatz 2, tel. 52 88 62 266).

Wie later op de avond nog gezelligheid zoekt, kan terecht bij **Nightzone** ✨ (Badweg 3, vlakbij de doorgaande weg door het dal).

🏊 Sport en activiteiten

Sauna & zwemparadijs
Erlebnistherme Zillertal ❶
De nummer één hotspot van Fügen bij slecht weer (▶ blz. 26 en 27).
Badweg 1, 6263 Fügen, tel. 52 88 63 240.

Winterwandelen
Winterwandelexcursies: onder leiding van een gids (▶ blz. 21) vertrekken vanaf het dalstation van de Spieljochbahn wandeltochten.

INFO

Tourismusverband Erste Ferienregion im Zillertal vestiging Fügen:
Hauptstraße 54, 6263 Fügen, tel. 52 88 62 262, www.best-of-zillertal.at, ma.-vr. 8.30-18 uur, za. 8.30-15, zo. 9-12.

EVENEMENTEN

Stille nacht, heilige nacht
Het hele winterseizoen door worden er in Fügen evenementen georganiseerd, maar vooral in de adventtijd barst het van de gezellige bijeenkomsten. Zo vindt de St. Nicholasmarkt plaats op de binnenplaats van **Schloss Fügen**. Dit oude kasteel, gelegen aan de Dorfplatz, voert terug naar oude tijden vol barokke pracht. Bubenburg, was de naam toen. De eerste delen van het kasteel werden halverwege de 16e eeuw gebouwd, ongeveer 150 jaar later had het kasteel de vorm die het nu nog steeds heeft. Een van de redenen waar Schloss Fügen haar faam aan heeft te danken, is dat in 1822, tijdens een ontmoeting tussen keizer Franz I en tsaar Alexander, het kerstlied 'Stille Nacht, Heilige Nacht' voor het eerst werd gezongen. Het is daarom ook niet vreemd dat

Winterpret buiten de piste – **Fügen**

Het kost geen enkele moeite om je een vakantie lang te vermaken in de sneeuw van het Zillertal. Met name op de piste, uiteraard, maar ook daarbuiten is er genoeg te zien en te doen. Fügen, het grootste dorp van het eerste deel van het dal, biedt daarin een keur aan mogelijkheden.

Stad van hout

Om te beginnen: Fügen staat bekend als het middelpunt van de houtproductie in Oostenrijk. Je ziet en ruikt het al als je Fügen binnen rijdt. Direct naast de doorgaande weg, de Zillertal Straße, ligt het hoofdkwartier van Binderholz, een van de marktleiders in de Europese houtindustrie. Oneindige stapels boomstammen liggen in rijen opgesteld, klaar om verwerkt te worden tot snijhout en houtplaten. Met het resthout produceert het bedrijf onder meer biobrandstof en ecostroom.

Op het terrein is ook de **HolzErlebnisWelt 'Feuerwerk'**  te vinden. Het is een attractie voor het hele gezin, ook geschikt als het een dag wat slechter weer is. Tijdens een rondleiding van een uur en tien minuten krijg je inzicht en uitleg over de geschiedenis van hout, en wordt er daarnaast uitgebreid ingegaan op duurzaamheid en het milieu. Zo vertelt de gids over groene stroom, klimaatverandering en de productie van houten pallets. Het terrein van Binderholz is perfect te overzien vanuit de **SichtsBAR**, die op zestien meter hoogte hoog boven alles uitsteekt. Daarnaast

De HolzerlebnisWelt in Fügen biedt een inkijkje in de geschiedenis van de houtindustrie in het Zillertal.

is er een dakterras met tuin, de Hortus Aeoli. En de bergen van het Zillertal op de achtergrond garanderen een spectaculair uitzicht.

IJsbaan & zwembad

Om in de wereld van belevenissen te blijven: op een steenworp afstand van de houtfabriek, aan de overkant van de weg, liggen de **Erlebnistherme Zillertal**. Het is de nummer één hotspot van Fügen bij slecht weer en dat heeft alles te maken met dat je er kunt opfrissen en relaxen. Er is een spa en wellness voor de hele familie, een uitgebreid saunacomplex met kruidensauna, infusions, infraroodcabine en er zijn verschillende zwembaden, waaronder een buitenbad. Ook vind je hier de langste glijbaan van West-Oostenrijk. De Panoramabar biedt, de naam geeft het al weg, een prachtig uitzicht. Ook 's nachts, als de hemel vol met sterren staat.

Stille nacht

En dan is er nog het **Heimatmuseum** 2 in der Widumspfiste, midden in het dorp. Verspreid over vier verdiepingen wordt hier verteld over de geschiedenis van Fügen. Hoogtepunt is de ontstaansgeschiedenis van het wereldberoemde kerstliedje 'Stille nacht, heilige nacht', waarin Fügen een onmisbare rol heeft gespeeld. En dan met name de Zillertaler Sänger, een reizend zanggezelschap dat het liedje de grens over bracht. In de loop van de 19e eeuw brachten ze het naar Duitsland en Amerika. De rest is geschiedenis.

Waar kerst wordt gevierd, wordt 'Stille nacht' gezongen. Het lied is wereldwijd zo beroemd geworden, dat het in 2011 door UNESCO werd uitgeroepen tot immaterieel cultureel erfgoed.

INFORMATIE
HolzErlebnisWelt 1:
ma.-vr. van 9-16 uur, rondleidingen om 9, 11, 13 en 15 uur. Binderholz Straße 49, 6263 Fügen, tel. 52 88 60 11 14 66, www.binderholz-feuerwerk.com.
Heimatmuseum 2:
ma. 8-11, di., vr. 16-19 uur.
Hochfügener Straße 7, 6263 Fügen, tel. 52 88 62 201, www.hmv-fuegen.at.
Erlebnistherme Zillertal 1: tussen 8 dec. en 1 mei dagelijks geopend van 13 tot 22 uur. Toegang sauna vanaf € 12,70 (volw.) of € 10,90 (jeugd). In de winter is er ook een ijsbaan, toegankelijk vanaf € 3/5. Badweg 1, 6263 Fügen, tel: 52 88 63 240, www.erlebnistherme-zillertal.at.

Uitneembare kaart: C 1 | **Plattegrond:** ▶ blz. 24

Fügen en Kaltenbach ▶ Fügen

> **OVERIGENS**
>
> Op de Gogola Après Ski Alm in Fügenberg (Hochfügen 27, 6264 Fügenberg, tel. 52 80 53 12, e-mail: info@berghotel-hochfuegen.at) zijn er het hele jaar door avonden met livemuziek, verzorgd door de artiesten Ramba Zamba. Denk hierbij aan dj-feestmuziek. Tussen december en april treden ze wekelijks op.

het kasteel ook tegenwoordig in de decembermaand decor is voor winterse evenementen. Op de St. Nicholas markt kun je verschillende specialiteiten uit het Zillertal proberen.

Kerst en oud en nieuw
In de Sichtbar van de **HolzErlebnisWelt** (Binderholz Straße 49, tel. 52 88 60 15 58) leest acteur Ludwig Dornauer, zelf afkomstig uit Fügen, in het dialect van het Zillertal verschillende kerstverhalen voor. Prijzen: € 12 in voorverkoop (via tel. 664 61 23 339), € 15 aan de deur. Ook combinatie met eten mogelijk voor € 25. Door het winterseizoen heen vindt er op het dorpsplein in Fügen een boerenmarkt plaats. Op vrijdagochtenden van 8-12 uur. Traditioneel op nieuwjaarsdag is de nieuwjaarsreceptie, die plaatsvindt aan de voet van de Spieljochbahn. Deze receptie duurt van 16 uur tot middernacht en kent als hoogtepunt een groot vuurwerk dat om 18 uur de lucht in wordt geschoten.

Later in het seizoen
Maar het blijft niet alleen bij kerst en de jaarwisseling, ook later in het winterseizoen zijn er evenementen. Zeven donderdagavonden tussen 31 jan. en 14 mrt. is er in Fügenberg de Hochfügen-Night. Een spectaculaire sneeuw- en vuurwerkshow met sprongen op een sneeuwscooter, ski-acrobatiek en ademhenemende formaties die in het donker van de piste af komen. Elke donderdagavond eindigt met een groot vuurwerk.

Bezoekers kunnen vanuit Fügen gratis met een shuttlebus naar Hochfügen, en na het evenement op dezelfde manier weer terug. Let op: de shuttlebus heeft een beperkt aantal stops, in tegenstelling tot de gratis bus overdag (Fügen station, Hotel Sonne, dorpsplein en de Spieljochbahn).

Begin april wordt op de golfbaan van Uderns de **Winzer Wedel Cup** gehouden, een combinatie van skiën, golf en culinaire hoogstandjes. Onderdeel van dit jaarlijkse evenement is een gala, skiwedstrijden (slalom en reuzenslalom) en een golftoernooi over achttien holes. Meer informatie hierover is te vinden op www.winzerwedelcup.at.

SKISCHOLEN

Speciale Kinderschischule
Schischule Aktiv
Deze skischool in Fügen en Hochfügen biedt ski- en snowboardlessen aan kinderen, volwassenen, beginners en gevorderden. Voor de jongste jeugd is er een speciale Kinderschischule. Hier wordt gewerkt met kleine groepen (4 tot 8 personen) en vier uur les per dag. Prijzen: een dag € 69, twee dagen € 110, zes dagen € 175. Het is ook mogelijk om kinderen mee te laten lunchen, voor € 13 per kind per dag. De prijzen voor volwassen beginnende skiërs zijn hetzelfde. Privélessen zijn ook mogelijk, maar duurder: € 60 per uur. Het is mogelijk om een privéles te delen met anderen. Elke extra persoon in de les betaalt € 12. De skischool biedt ook langlauflessen aan.
St. Pankraz-Weg 1, 6263 Fügen, tel. 52 88 62 389, www.ski-aktiv.at, info@ski-aktiv.at

Oudste van het gebied
Kostenzer
De eerste skischool in Fügen (ook skiverhuur) biedt een gevarieerd aanbod aan lessen. Groepslessen van vier uur per dag (10-12 uur en 13.30-15.30 uur) kosten € 66 voor een dag, € 108 voor twee dagen en € 181 voor zes dagen. Voor snowboardlessen gelden dezelfde prijzen. Er zijn pakketdeals aanwezig waarbij je

Fügen en Kaltenbach ▶ Fügen

Fügen licht op bij het vallen van de avond.

korting op je skihuur krijgt als je hier ook lessen boekt. De skischool organiseert elke donderdag en vrijdag van 10-13.30 uur skischoolwedstrijden in Hochfügen. Ook vindt er van Kerst tot Pasen elke donderdagavond een nachtskiwedstrijd plaats.

Hochfügener Straße 65, 6263 Fügen, tel. 52 88 63 385, www.schischule-kostenzer.at, skiinfo@hochfuegen.com

Iets goedkoper
skiCHECK
Net als de overige skischolen in Fügen biedt skiCHECK verschillende lessen aan, zowel voor groepen als privé. Daarnaast kun je hier ook terecht voor materiaalhuur. Met een prijs van € 49 voor een dag is de school wat goedkoper dan de rest. Hiervoor krijg je vier uur les (10-12 uur en

Je bent nooit te oud om te leren. Ook al kun je behoorlijk skiën en heb je jarenlange ervaring, een ochtend met een skileraar op pad biedt altijd nieuwe inzichten en kan verfrissend werken voor je techniek. Plus: je leert het gebied nog beter kennen.

Fügen en Kaltenbach ▶ Hochfügen

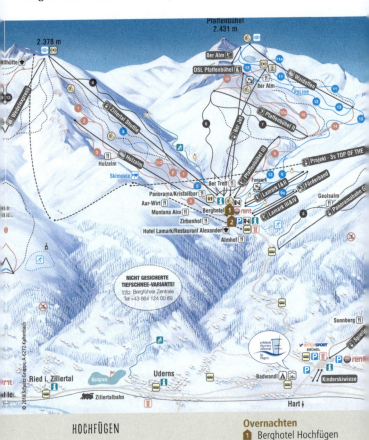

HOCHFÜGEN

Overnachten
1. Berghotel Hochfügen
2. Kaiser-Franz-Joseph-Hütte

13.30-15.30 uur). Mocht je groep minder dan vier deelnemers hebben, wordt de lestijd gereduceerd tot twee uur. Prijs twee dagen: € 99, drie dagen € 149. Elke extra dag na drie dagen kost € 39 per dag. Naast reguliere lessen biedt CHECK ook cursussen in freeriden en freestylen, en kun je hier een racetraining doen. De school heeft meerdere locaties: in Hochfügen bij het dalstation van de 8erJet gondel en bij Hotel Lamark (Hochfügen 34, 6264 Fügenberg).

In Fügen bij het dalstation van de Spieljochlift, tel. 52 88 20 22 230, www.skicheck.at

Hochfügen D 5,

plattegrond ▶ blz. 30

Ze worden vaak in één adem genoemd: Fügen en Hochfügen. Dat is niet voor niets. Waar Fügen de belangrijkste plaats in het Zillertal is, heeft Hochfügen vooral in de winter toegevoegde waarde. Het dorp, op 1480 meter hoogte zo'n 900 meter hoger gelegen dan

Fügen en Kaltenbach ▶ Hochfügen

Fügen, ligt direct aan het skigebied, dat vanuit het dorp overal te zien is. Vanwege de hoge ligging is het hier ook erg sneeuwzeker.

Veel opties in het skigebied
Het grootste voordeel van Hochfügen is de ligging ín het skigebied. Vanuit het dorp heb je ruime keuze in skiliften, die ook nog eens naar meerdere skigebieden voeren. Welbeschouwd bestaat het dorp vooral uit accommodaties voor toeristen, en dat betekent dat Hochfügen gezien kan worden als ski-in/ski-out resort. Vanuit de ingang van je hotel of appartement kun je direct op je ski's of snowboard de deur uit. Wanneer je terugkomt van het skiën, kunnen de ski's na de laatste afdaling meteen de skikelder in en heb je je handen vrij voor een biertje in een van de après-skigelegenheden. Het dorp ligt in een kom waar meerdere liften en pistes op uitkomen. Met de 8er Jet, een gondellift, kun je richting de **Pfaffenbühel**, een bergtop op 2431 meter hoogte. Via de Holzalm (stoeltjeslift) of Zillertal Shuttle (gondel) betreed je het skigebied **Hochzillertal-Kaltenbach**. Alles bij elkaar heet het overkoepelende skigebied hier **Ski-optimal**. Wie de shuttlebus pakt, enkele minuten bergafwaarts, komt uit bij **Panoramabahn GEOLS**, waarmee het skigebied van de Spieljoch vanuit Hochfügen ook binnen handbereik ligt.

Langlaufen en rodelen
Naast skiën en snowboarden zijn er nog meer wintersporten te beoefenen in Hochfügen. De 9 km lange Höhenloipe is een mooie uitdaging voor **langlaufers**. Op het uitgezette parcours is zowel de klassieke stijl als schaatsstijl mogelijk. Het aantal hoogtemeters bedraagt 286, en het hoogste punt van de loipe ligt op 1.685 meter. De moeilijkheidsgraad is aangegeven met gemiddeld tot zwaar. Iets minder intensief, maar wel reden voor plezier in de buitenlucht is de twee kilometer lange **rodelbaan**. Met een sleetje kun je hier op een 1,5 km lang parcours naar beneden sleeën: plezier voor iedereen gegarandeerd. De rodelbaan is niet al te steil. De start ligt op 1600 meter hoogte, het eind van de baan op 1450 meter. Doorgaans doe je zo'n veertig minuten over een afdaling. Aan het eind van het parcours zijn verschillende berghutten. **Sleehuur** is mogelijk bij Hotel Almhof (tel. 52 80 211) of Sport Unterlercher (vestiging Berghotel Hochfügen, tel. 676 84 32 62 300). De start van de rodelbaan is op loopafstand van Hotel Almhof (Hochfügen 30).

Spelen op hoog niveau
Iedereen die vroeger graag met autootjes speelde, of het gewoon leuk vindt om eens te zien hoe zo'n pisten elke avond nou precies geprepareerd wordt: op maandag, woensdag, vrijdag en zondag is het mogelijk om een ritje te maken in de **pistenbully**. Voor € 50 per persoon rij je mee met een groomer, die je alles vertelt en laat zien wat je maar wil weten. Zo kom je er bijvoorbeeld achter hoe steil de hellingen zijn die zo'n pistenbully op kan rijden. Start van de activiteit is om 16.30 uur, boeken kan tot 15.00 uur op dezelfde dag, mits er beschikbaarheid is. Per dag zijn er twee pistenbully's beschikbaar, per voertuig geldt dat er slechts één iemand mee kan rijden. Boeken kan online, via www.hochfuegenski.com, of telefonisch via 52 80 204.

De perfecte kinderopvang
De **Zwergerl Club** biedt het hele skiseizoen door dagelijks kinderopvang op verschillende locaties in het Zillertal. Vanaf de kerstvakantie tot begin april kun je hier tussen 9 en 16 uur je kinderen in goede handen achterlaten, om zelf een dag zorgeloos op de piste door te brengen. Kinderen tussen de 3 maanden en 7 jaar oud zijn welkom en worden begeleid en verzorgd door het personeel van de skicrèche. Alle faciliteiten zijn aanwezig, van een

Fügen en Kaltenbach ▶ Hochfügen

OVERIGENS

Van eind december tot half maart is de dalafdaling elke vrijdagavond verlicht. Tussen 19.00 en 22.00 uur is de piste dan geopend, en dat betekent skiën onder een prachtige sterrenhemel. Dat kan op de Stephan-Eberharter-Goldpiste, de 5 km lange piste vernoemd naar de succesvolle Oostenrijkse alpineskiër. Skimogelijkheden zijn wel afhankelijk van de weersomstandigheden.

slaaphoek voor de allerkleinsten tot een kinderbioscoop en een keur aan speelgoed. Prijzen: € 7 per uur, € 23 voor een halve dag en € 33 voor een hele dag. Een hele dag is inclusief lunch, die anders € 4 kost. Drinken en fruitsnacks zijn voor de kinderen aanwezig en zijn al bij de prijs inbegrepen. Vestigingen: in Fügen in het bergstation van de Spieljochbahn. In Kaltenbach in het bergstation van de Hochzillertal kabelbaan en in Hochfügen in het Panorama Restaurant. Meld je kinderen een dag van tevoren aan, voor 16.00 uur. Dat kan in het Tourist Office, telefonisch via 52 88 62 262 of direct bij de vestiging van de crèche.

Midden in het skigebied
Berghotel Hochfügen ❶
Als je 's ochtends niet kunt wachten om de piste op te gaan, dan boek je een kamer in het Berghotel Hochfügen. Binnen vijftig meter zijn er drie verschillende skiliften voorhanden. Veel afdalingen komen in de buurt van dit hotel uit, waardoor je na het skiën nergens meer heen hoeft. Zeker omdat de Gogola Après-skibar in hetzelfde gebouw huist. Wie behoefte heeft aan rust: de après-ski in Hochfügen duurt zelden tot na het diner. Kamers zijn comfortabel en een verblijf is op basis van halfpension.
Hochfügen 27, 6264 Hochfügen, tel. 52 80 53 12, 2 pk vanaf € 101 p.p.

In naam van de keizer
Kaiser-Franz-Joseph Hütte ❷
Deze traditionele, houten berghutten worden per week verhuurd en zijn geschikt voor acht personen. Wat je dan krijgt: 90 m² aan woonruimte, twee aparte slaapkamers met tweepersoonsbed, een tweepersoonsslaapbank en een slaapkamer met stapelbed. Ideaal voor twee gezinnen. Verder is er een sauna aanwezig, internet, stalling voor skimateriaal en een volledig uitgeruste keuken. In de winter is er ook een broodjesservice, om zo met een vers ontbijt de dag te starten. Prijs voor een week verschilt van € 590 in november tot € 2490 als het skiseizoen vol aan de gang is.
Hochfügen 43, 6264 Fügenberg, tel. 680 21 45 697, www.aar-wirt.at

Skiverhuur
Aan de voet van de Lamark skiliften, midden in Hochfügen, ligt Sport 2000 Unterlercher. Het aanbod van ski- en snowboardverhuur is ook online te bekijken op www.sport2000rent.com. Online is het ook mogelijk om tegen **kortingstarief** materiaal te huren. Skischule Kostenzer heeft naast de locaties in Fügen ook een skiservice in Hochfügen, in Hotel Almhof (Hochfügen 30, 6264 Fügenberg, tel. 52 80 21 150, skiinfo@hochfuegen.com, dag. 8-17.30 uur. skiCHECK (www.skicheck.at) heeft drie servicevestigingen in Hochfügen, allemaal in het skigebied of aan de voet van een skilift. Er is een winkel bij de 8er Jet skilift, een bij de Holzalm stoeltjeslift en in Hotel Lamark. Openingstijden: ma.-zo. 8.30-16.30 uur.

❶ Info
Tourismusverband Erste Ferienregion im Zillertal: Haupstraße 54 Fügen, tel. 52 88 62 262.

Het Pop Down Hotel in Ried is net even anders.

Ried im Zillertal

D 5

Tussen Fügen en Kaltenbach ligt Ried im Zillertal. Beneden in het dal, op 573 meter boven zeeniveau, en niet direct verbonden aan een van de skigebieden.
Dat zorgt ervoor dat het dorp wat rustiger is. Toch zijn in het dorp met een kleine 1300 inwoners alle voorzieningen aanwezig. Het barst er van de accommodaties. Een echte dorpskern ontbreekt enigszins. Daardoor is het niet de meest sfeervolle bestemming binnen het Zillertal.

Bestemming in de luwte
Het enige dat Ried im Zillertal scheidt van buurman Kaltenbach is de gelijknamige beek Kaltenbach, een zijstroompje van de Ziller. Dat zorgt ervoor dat het dalstation van de **Hochzillertalbahn** nog steeds dichtbij is. De bijna 2,5 km is met de auto in iets meer dan vijf minuten af te leggen. Het skigebied van Hochfügen is in een halfuur te bereiken, maar let erop dat je daar ook skiënd kunt komen, en het dus handiger is om in Kaltenbach de gondel de berg op te pakken. De Spieljochbahn in Fügen is nog geen tien minuten rijden.
Buiten de **parochiekerk St. Johannes**, die halverwege de 18e eeuw werd gebouwd en in 1781 in gebruik is genomen, is er in Ried im Zillertal weinig te zien. Wie daar tijdens zijn wintervakantie geen behoefte aan heeft, zit hier prima.

Net even anders
Pop Down Hotel
Geen pop-up hotel, maar andersom. Tot april 2019 zit hier tijdelijk een bijzonder project, waar je niet alleen kunt slapen, maar waar ook geregeld events georganiseerd worden.
Grossriedstrasse 16, 6273 Ried im Zillertal, tel. 5283 2250, info@popdownhotel.com, www.popdownhotel.com, 2 pk vanaf € 148

Precies wat je verwacht
Hotel Alpina
Een Oostenrijks 'familie und aktivhotel' uit het boekje, inclusief houten balkons. Uitgebreide spa- en saunamogelijkheden aanwezig. De 'aktiv' zit hem verder in het winteraanbod van het hotel, waaronder rodelavonden, sneeuwschoenwandelingen en wijnkelderavonden.
Landstraße 19, 6273 Ried im Zillertal, tel. 52 83 28 41, www.alpina-reid.at, kamers vanaf € 68,40

Hoog in de bergen staat een hutje – **Hochzillertal**

In de skigebieden van Zillertal Superski staan meer dan genoeg berghutten. Twee springen eruit, en die staan allebei in het skigebied Hochzillertal. Op 2350 meter hoogte ligt de Wedelhütte, een traditionele Oostenrijkse berghut gebouwd van natuurlijke materialen met een uitzicht om van te watertanden. Tweehonderd meter lager en een paar kilometer verderop ligt de Kristalhütte, het andere paradepaardje van Hochzillertal.

De Wedelhütte

Om met die eerste te beginnen: de Wedelhütte is een luxe berghut. Traditioneel van aanzien, gebouwd van hout en steen. Met een prachtig zonneterras dat uitkijkt op een indrukwekkende rij bergtoppen. Met de besneeuwde daken gaat de hut perfect op in het witte landschap. Te bereiken via de Wedelexpress, een moderne vierpersoons-stoeltjeslift. Maar eenmaal binnen opent er een wereld van **exclusiviteit en weelde**. Er is een

De Wedelhütte biedt samen met Hochzillertal het VIP GONDEL arrangement aan. Voor € 195 krijg je met twee personen een exlusieve skidag. Dat betekent onder meer omhoog in de luxe BMW gondel, twee skipassen voor een dag en een uitgebreide lunch met wijnarrangement in de berghut.

De Wedelhütte is de hele dag door geopend. Voor koffie in de ochtend, lunch, of een biertje na het skiën.

indrukwekkende wijnkelder, waar topwijnen uit Oostenrijk en de rest van de wereld uitgestald liggen. Gastheer Manfred Kleiner vertelt er zijn gasten wekelijks met veel kennis en enthousiasme over. Er zijn elf suites in de Wedelhütte. Dat betekent letterlijk en figuurlijk overnachten op hoog niveau. Een nachtje hier is niet goedkoop, prijzen beginnen voor twee personen niet onder de € 400. Daar word je wel voor in de watten gelegd. Het halfpension waar je voor betaalt, omvat een uitgebreid ontbijt, thee met lekkernijen in de middag, wellness en een omvangrijk viergangendiner. Wie dit allemaal een tikkeltje overdreven vindt: de Wedelhütte is van 's ochtends vroeg tot laat op de middag geopend. Een kop koffie op het terras of een biertje in een van de loungestoelen is ook al een traktatie. Dan krijg je het uitzicht er gratis bij.

Het terras van de Kristalhütte is op mooie dagen standaard goed gevuld.

De Kristalhütte

Helemaal aan de andere kant van het skigebied ligt nog een hotspot hoog in de bergen. De Kristalhütte ligt aan de top van de Panoramalift, een sleeplift die toegang biedt tot twee rode afdalingen, maar is ook te bereiken met de Kristallexpress, een verwarmde achtpersoons-stoeltjeslift. Op zonnige dagen is het een drukte van belang in en rondom de hut. Door het zonneterras, waar simpele maar comfortabele loungestoelen staan. Door de nog veel luxere loungesets op het terras zelf, met kussens op grote banken en vriendelijk bedienend personeel. Er is livemuziek en met enige regelmaat draaien er dj's om de middag om te toveren in een **après-skiwalhalla**. Wat daar ook bij helpt: de zilveren caravan die dienstdoet als foodtruck. Hierdoor hoef je niet telkens naar binnen te lopen als je eten of drinken wil halen – buiten de omheining van het terras is het zelfbediening.

Binnen wordt de ontspannen sfeer, of feeststemming als het losgaat, ingeruild voor luxe. Ook deze hut is van alle gemakken voorzien: een spa, wijnkelder, uitstekend restaurant en acht kamers en vier suites. Niet goedkoop, wel een ervaring die je niet snel zal vergeten.

INFO EN OPENINGSTIJDEN
De bereikbaarheid van beide hutten valt samen met de openingstijden van het skigebied. Dagelijks zijn de liften geopend tussen 7.30 en 17 uur, www.hochzillertal.com

APRES-SKI EN SLAPEN
Programma's van evenementen en aanbiedingen zijn te vinden op www.wedelhuette.at en www.kristalhuette.at. Ook overnachtingen zijn via deze websites te reserveren.

Uitneembare kaart: C 2 | Plattegrond toegang tot Hochzillertal: ▶ blz. 37

Fügen en Kaltenbach ▶ Kaltenbach

Kaltenbach 🗺 E 5

plattegrond ▶ blz. 37

Samen met Fügen vormt Kaltenbach het hart van de 'Erste Ferienregion im Zillertal', zoals de regio vanuit toeristisch oogpunt wordt neergezet. Dat komt door de aanwezigheid van de dubbele kabelbaan die vanaf hier het skigebied in voert. De Hochzillertalbahn ❸ is gericht op intensief gebruik en veel bezoekers. Dat betekent dat het zelfs bij drukte ontzettend meevalt met de wachtrij en wachttijden. Kaltenbach is niet groot. Net als in buurman Ried im Zillertal wonen hier tussen de 1200 en 1300 mensen. Het hele dorp is ingericht op winters toerisme.

Goed bereikbaar
Kaltenbach ligt op een centrale plek in het Zillertal, precies tussen Fügen en Zell am Ziller in. Met een station waar de **Zillertalbahn** stopt, betekent dat dat de skimogelijkheden niet alleen beperkt blijven tot het gebied van Kaltenbach zelf. Het station ligt in het centrum, op loopafstand van verschillende accommodaties. In een kwartier brengt de trein je naar Zell am Ziller, waar skigebied Zillertal Arena wacht. In tien minuten ben je vanaf Kaltenbach in Fügen. De trein is gratis voor skiërs met een Zillertal Superskipass.

ETEN, DRINKEN, SLAPEN

🏠 Overnachten

Direct aan de Hochzillertalbahn
Kerschdorfer ❶
Dichterbij het dalstation van de Hochzillertalbahn, de kabelbaan die je het skigebied van Kaltenbach in brengt, kun je niet zitten. En je zit in een comfortabel hotel. Beetje kitsch, maar daarvoor ben je in Oostenrijk.
Postfeldstraße 34, 6272 Kaltenbach, tel. 52 83 23 920, www.kerschdorfer.at, 2 pk vanaf € 60

Gloednieuw
Explorer Hotel ❷
Juist gloednieuw en modern is het Explorer Hotel, aan de rand van Kaltenbach. Lees meer hierover op blz. 38 en 39.
Schmiedau 2, 6272 Kaltenbach, tel. 52 83 39 39 30, www.explorer-hotels.com, 2 pk vanaf € 39,80

🍴 Eten en drinken

American Diner
Flax ❶
Grenzend aan het Explorer Hotel zit restaurant Flax, een American Diner met burgers, pizza en meer.
Schmiedau 2, 6272 Kaltenbach, tel. 52 83 40 001, www.flax.at, vanaf € 7,60

SKISCHOLEN

Hypermodern met traditie
Skischule Hochzillertal ❶
Deze skischool is opgezet door Christoph Eberharter, de broer van alpineskiër Stephan Eberharter (ooit wereldkampioen en olympisch kampioen skiën voor Oostenrijk), en met zo'n familiegeschiedenis weet je dat een skiles wel goed zit. Aan de ene kant heeft de skischool ruim 35 jaar ervaring, aan de andere kant is het tegenwoordig een van de modernste

De Wöscherkapelle in Kaltenbach.

KALTENBACH

Bezienswaardigheden
1 Station Zillertalbahn

Overnachten
1 Kerschdorfer
2 Explorer Hotel

Eten en drinken
1 Flax

Sport en activiteiten
1 Skischule Hochzillertal
2 Skischule Optimal
3 Hochzillertalbahn

---

skischolen van het land. Prijzen: een dag (vier uur, van 10-12 en 13-15 uur) voor kinderen € 75, twee dagen € 130, vijf dagen € 210. Voor volwassenen geldt hetzelfde tarief. Privé lessen: € 110 voor 1,5 uur, € 240 voor vier uur. Met de Bobo's Kinderclub besteedt de skischool extra aandacht aan kinderen jonger dan 12.

Postfeldstraße 9, 6272 Kaltenbach, tel. 52 83 28 220, info@hochzillertal.at, www.hochzillertal.at

Leuk voor de kids
Skischule Optimal 2
Ook Skischule Optimal heeft een speciale kinderafdeling, met een eigen Kinderpark, Kinderwelt en Kinderskirennen, een afsluitende race waarbij de leerlingen een medaille krijgen. Prijzen: € 62 voor een dag (incl. lunch € 75), € 177 voor vijf dagen (incl. lunch € 242). Prijzen volwassenen: een dag € 66, drie dagen € 160.

Groepen van minimaal vijf personen. Optimal biedt ook freeride tours aan, prijzen: € 145 voor een halve dag (2 uur), € 245 voor een hele dag (4 uur). Extra deelnemers aan dezelfde les/tour betalen € 25. Materiaalhuur is ook mogelijk, bij het hoofdkantoor van de skischool zit Sport Eller (tel. 5283 2205). Hier huur je ski's en snowboard en kun je terecht voor een servicebeurt.

Postfeldstraße 36, 6272 Kaltenbach, tel. 52 83 20 69, info@skischule-optimal.at, www.skischule-optimal.at

---

INFO

Tourismusverband Erste Ferienregion im Zillertal - Büro Kaltenbach: Kaltenbacher Landstraße 34, 6272 Kaltenbach, tel. 52 83 22 18, www.best-of-zillertal.at.

5

Heel veel nieuw – **in Kaltenbach**

Vijfentwintig jaar geleden leerde ik skiën in Kaltenbach. Dat was toen een Oostenrijks wintersportdorp zoals zo veel anderen. Een schattig kerkje, een supermarkt, een handvol hotels en pensions en een kabelbaan waarvoor je, met een beetje pech, drie kwartier stond te wachten voordat je in slakkengang de berg op werd gehesen.

Daar is de laatste jaren verandering in gekomen. Zoals het hele Zillertal innoveert, zo gaat ook Kaltenbach met haar tijd mee. Het grootste pijnpunt werd opgelost door het dalstation uit te rusten met een tweede kabelbaan. Het gevolg: nauwelijks wachtrijen meer om het skigebied in te komen vanuit het dal. Ook op de berg draait alles om snelheid en gemak. De skiliften gaan op hoge snelheid en zijn verwarmd en overkapt. Het nieuwste paradepaardje in de stal van Kaltenbach-Hochzillertal: de **Wimbachexpress**. Een tienpersoons-gondellift die de plek inneemt van de verouderde Krössbichlbahn. De nieuwe lift komt hoger uit, zorgt voor extra pistemogelijkheden en vervoert wintersporters sneller de berg op. Daarbij: bovenop het bergstation van de gondel zit een gloednieuw hotel en Italiaans restaurant, Albergo. Dit alles is in 2018 geopend.

Nieuw hotel in het dal

En ook in het dal is Kaltenbach aan het vernieuwen. De grootste blikvanger is het **Explorer Hotel**, gelegen aan de doorgaande weg en op loopafstand van de gondelbanen. Het is een sport- en design hotel, geopend in de zomer van 2017, en van alle gemakken voorzien. Mooie en handig ingerichte kamers, een fitnessruimte, spa met sauna en stoombad en handige extra's voor wintersporters, zoals kluisjes voor je ski's of snowboard en een werkbank waar je nog even aan de juiste afstelling van je materiaal kunt sleutelen. Die werkbank staat midden in de lounge, waar elke ochtend het ontbijt staat uitgestald en waar in de

In het dalstation van de Hochzillertalgondels in Kaltenbach vind je een kinderopvang. In de Zwergerlclub laat je je kinderen in goede handen achter terwijl je zelf onbezorgd de piste op kan.

middag en avond de bar geopend is. Daar is ook een restaurant met een bescheiden menu. Uitgebreider dineren kan om de hoek van het hotel, bij restaurant en **cocktailbar Flax**. De Amerikaans ingerichte bar & diner is zes dagen per week tot middernacht geopend.

Winterbestemming van deze tijd

De ontwikkelingen zorgen ervoor dat Kaltenbach niet het meest traditionele dorp uit het Zillertal is. Het ligt niet fotogeniek tegen een berghelling aangeplakt. Het is geen verzameling traditionele, Tiroler huizen en boerderijen meer. Maar wat je er voor terugkrijgt: moderne voorzieningen, een hoop gemak en een fijne variatie aan overnachtingsplekken en restaurants. Een wintersportbestemming van deze tijd.

Vanuit het dorp ben je met de Hochzillertalbahn zo in het skigebied.

INFORMATIE

Tweepersoonskamer in het **Explorer Hotel** ❶ vanaf € 39,80 per nacht, www.explorer-hotels.com. Parkeren in de garage onder het hotel € 7,90 voor 24 uur. Gratis parkeren op 600 meter bij het dalstation van de gondel.

ETEN EN DRINKEN

De Amerikaans ingerichte bar & diner **Flax** ❶ is zes dagen in de week geopend, ma.-vr. 16-24, za., zo. 11.30-24 uur, tel. 05 28 34 00 01, www.flax.at, hoofdgerechten vanaf € 7,60.

Uitneembare kaart: C 2 | Plattegrond: ▶ blz. 37

Aschau im Zillertal E 5

Een bijzondere gemeente, met een lange historie en een ligging die mogelijkheden biedt. Aschau im Zillertal, een klein dorpje tussen Kaltenbach en Zell am Ziller, kent al vermeldingen uit de vroege 14e eeuw. Het dorp is niet groot, zoals geen enkel dorp dat hier is. Er wonen zo'n 1500 mensen.

Tussen twee (ski)gebieden
Bijzonder aan Aschau is wel dat dit de enige gemeente in het dal is waar aan beide oevers van de Ziller gebouwd is. Bij alle andere plaatsen houdt de gemeentegrens op waar de Ziller stroomt. Vanwege die splitsing door de Ziller is de gemeente Aschau historisch gezien ook opgesplitst tussen het bisdom Innsbruck en het aartsbisdom Salzburg.

Geen lift, wel een dalafdaling
Een skilift is er niet in Aschau, daarvoor moet je uitwijken naar Kaltenbach of Zell am Ziller. Dat kan met de auto (Kaltenbach is minder dan tien minuten rijden, Zell am Ziller vijf minuten) of met de trein. De Zillertalbahn stopt op twee stations in de gemeente (Aschau im Zillertal en Erlach im Zillertal). Ondanks het gebrek aan een eigen gondel de berg op, kun je wel skiënd in Aschau eindigen. Vanuit het skigebied Hochzillertal – Hochfügen loopt er een skiroute die helemaal in het dorp uitkomt. Let op: dit is geen geprepareerde piste, en deze route kan alleen genomen worden als de condities goed zijn en dan nog is hij alleen geschikt voor ervaren skiërs.

🏠 Kamperen in de winter
Camping Aufenfeld
Je zou kunnen zeggen dat de kant van Aschau ten oosten van de Ziller grotendeels camping is. Dat is Camping Aufenfeld, populair in de zomer en gewoon open in de winter, als de kampeerplekken sneeuwvrij zijn gemaakt. Tip: ga wel met een camper, in plaats van met een koepeltentje.
Aufenfeldweg 10, 6274 Aschau im Zillertal, tel. 5282 2916, info@camping-zillertal.at, www.camping-zillertal.at.

🏠 Voor de hele familie
Baby- & Kinderhotel Aschauerhof
Groot hotel dat niet alleen voor ouders van alle gemakken is voorzien, maar er ook voor zorgt dat kinderen niets tekort komen. Er is een kinderopvang, kinderskischool en meer.
Höhenstraße 17, 6274 Aschau im Zillertal, tel. 52 82 29 25, www.aschauerhof.at

Ontelbare restaurants wedijveren om de gunst van hongerige toeristen. Echt 'authentieke' eethuisjes zijn er helaas niet bij.

🍴 Italiaans in Oostenrijk
Kruma Bar Café Pizza
Echte Italiaanse keuken, maar wel met gebruik van lokale specialiteiten en ingrediënten. Dat zorgt voor een goede combinatie.
Dorfplatz 10, 6274 Aschau im Zillertal, tel. 681 10 30 87 84, www.kruma.at, vanaf € 7,60

🍴 Voor de skiërs
Abfahrtshütte
De skiërs die vanaf skigebied Hochzillertal – Hochfügen naar Aschau skiën, stoppen hier onderweg voor een drankje.
Aschau 5, 6274 Aschau im Zillertal, tel. 664 30 67 929, www.abfahrtshuette.at

OVERIGENS

Aschau im Zillertal is de enige gemeente in het dal dat aan beide kanten van de Ziller ligt. Alle andere gemeenten liggen aan één oever van de rivier, maar in Aschau zijn beide oevers bebouwd.

Fügen en Kaltenbach ▶ Aschau im Zillertal

Ook langlaufen is een wintersport! Zeker op plaatsen waar ruimte is voor ongerepte natuur, zoals in Aschau.

◐ Overdekt zwembad
Camping Aufenfeld
Onderdeel van Camping Aufenfeld is een overdekt zwembad, dat ook in de winter open is. Aanwezig is onder meer een 20-meterbad om banen te zwemmen, maar ook een speelgedeelte met wildwaterkanaal en stroomversnelling. Ook is een sauna aanwezig.
www.camping-zillertal.at

SKISCHOLEN

◐ Ervaren skileraar
Skichule Keiler
Keiler is opgezet door Sebastian Keiler, een zeer ervaren skileraar die al jarenlang meedraait in het Zillertal, en daarnaast internationaal ook een aardig cv heeft. Zijn skischool biedt privélessen voor een prijs van € 240 voor vier uur, € 180 voor drie uur of € 135 voor twee uur. Die lessen zijn voor een tot twee personen, elke extra persoon betaalt € 30.
Er zijn ook lessen voor kinderen. Prijzen: een dag € 69, drie dagen € 179, vijf dagen € 229. Kinderen komen niet terecht in groepen groter dan acht. Voor € 12 is ook de lunch inbegrepen. Lessen zijn van 9.30-11.30 en van 12.30-14.30 uur.

Mühlfeldweg 10, 6274 Aschau im Zillertal, tel. 676 61 11 605, info@skischule-keiler. at, www.skischule-keiler.at

Zell am Ziller

In het hart van het Zillertal, op 580 meter hoogte, ligt Zell am Ziller. Het is de toegangspoort tot het grootste skigebied van het Zillertal, de Zillertal Arena. Met 143 kilometer aan pistes en 52 moderne liften strekt dit gebied zich uit tot aan Gerlos, Königsleiten, Wald en Krimml/Hochkrimml.
Maar Zell am Ziller biedt ook de oudste brouwerij van Tirol, waar nog steeds heerlijk bier wordt gebrouwen.

Zell am Ziller ⌕ B 3

plattegrond ▶ blz. 47

Hoewel Zell am Ziller zo'n achthonderd jaar geleden al opdook in de annalen van de geschiedenis van Oostenrijk, duurde het even voordat de plaats ook enig belang werd toegedicht.

Een gouden geschiedenis ...
Tot er in de eerste helft van de zeventiende eeuw goud werd gevonden in de bergen bij Zell, uniek voor de omgeving. Nergens anders in Tirol was dit het geval, waardoor Zell beschikte over de enige goudmijn van de regio. Nog steeds kan er met goud betaald worden in Zell, zij het in beperkte mate. In 2012 werd de **Zeller Gold** geschenkmunt in het leven geroepen. Met deze munt, ter waarde van € 10, kun je in veertig aangesloten winkels in de omgeving betalen.

... en een gouden toekomst
Tegenwoordig is het het wittegoud (nee, niet dat witte goud) dat gelukszoekers van heinde en verre naar Zell am Ziller lokt. Het is het beginpunt van een van de meest aansprekende skigebieden in niet alleen het Zillertal, maar in heel Oostenrijk. De Zillertal Arena strekt zich uit over de deelstaatsgrens van Tirol, tot in Salzburg, en kent vele hoogtepunten voor winterliefhebbers. 143 kilometer aan geprepareerde pistes, 52 liften, een snowpark met halfpipe, een funpark, meer dan een handvol ski- en snowboardscholen en skiën tot 2500 meter hoogte. Het maakt Zell am Ziller ook vandaag de dag tot een van de belangrijkste plaatsen in de omgeving

Lokale geschiedenis
Een piepklein openluchtmuseum aan de oever van de Ziller, dat is het **Regionalmuseum Zillertal** . Hier leer je over het leven en vroegere bewoners van het Zillertal. Dat gebeurt in de 'Ental' boerderij, die oorspronkelijk iets verder in het dal stond, in Burgstall/Schwendau. In 1991 is de boerderij echter steen voor steen en plank voor plank verplaatst naar de huidige locatie, om er een museum van te maken en het te beschermen tegen verval of sloop. Openingstijden: in de zomermaanden (juni - oktober) op weekdagen van 10.00-16.00 uur. In de winter op aanvraag. Prijzen: rondleiding met gids € 5 per persoon, zonder gids € 3. Kinderen tot 14 jaar gratis.
Talstraße 50b, 6280 Zell am Ziller, tel. 52 82 22 81. www.gemeinde-zell.at

ETEN, DRINKEN, SLAPEN

🏠 Overnachten

Klein en luxueus
Das Posthotel ❶
Aangename verrassing tussen alle houten chalets en stubes. Dit boutiquehotel is klein, maar erg fijn. Luxe, prachtig ingericht en toch genoeg details – zeker in de kamers – om je helemaal in Oostenrijk te voelen. Andere pluspunten: het eco-keurmerk, de keuken, de spa en het zwembad.
Rohrerstraße 4, 6280 Zell im Zillertal, tel. 52 82 22 36, info@zillerseasons.at, www.daspost hotel.at. vanaf € 97 pp

Het dichtst bij de lift
Aktivhotel Tuxerhof ❷
Van buiten is het hotel nog het best te omschrijven als futuristisch Tirools, met het moderne houten geraamte dat duidelijk gebaseerd is op de klassieke Tiroler architectuur. Binnen is alles modern, en een beetje onpersoonlijk. Maar het absolute pluspunt van Aktivhotel Tuxerhof is dan ook de ligging. Tegenover het dalstation van de gondel.
20 Rohr, 6280 Rohrberg, tel. 52 82 71 68, info@aktivhotel-tuxerhof.at, www.aktivhotel-tuxerhof.at. vanaf € 87 pp, inclusief ontbijt; halfpension: € 103,50

Aan de rand van het dorp
Landhaus Rohrmoser ❸
Wie op zoek is naar een typisch

Zell am Ziller ▶ Zell am Ziller

Het Regionalmuseum is niet groot, maar geeft een inkijk in de lokale geschiedenis.

Oostenrijkse accommodatie, kan terecht bij Landhaus Rohrmoser. Inclusief bloemetjestafelkleed, en vers ontbijt met lokale producten. Keuze uit kamers en appartementen, dus ook geschikt voor grotere groepen.
Rohrerstraße 35, 6280 Zell am Ziller, tel. 660 49 39 550, f.rohrmoser@aon.at,
www.landhaus-rohrmoser.at. Vierpersoonsappartementen vanaf € 112 per dag

 Eten en drinken

Bier dichtbij de bron
Zillertal Bier ❶
Dé trots van het dorp en van de regio. Zillertal Bier is vrijwel uitsluitend verkrijgbaar in Tirol en in ieder geval bij de brouwerij zelf. Zie blz. 48-50.
Bräuweg 1, 6280 Zell am Ziller, tel. 52 82 23 66, www.zillertal-bier.at

Prijswinnende cocktails
Englhof ❷
Naast dat Englhof een hotel en restaurant is, vind je hier een cocktailbar om je vingers bij af te likken. In het verleden werd de bar genomineerd voor Beste Bar in Oostenrijk, en nog steeds zijn de cocktails hier van het allerhoogste niveau.
Zellbergeben 28, 6277 Zellberg, tel. 52 82 31 34, info@englhof.at, www.englhof.at

SKISCHOLEN

Rodebroekenparade
Skischule Arena ❶
Direct naast het dalstation van de Zillertal Arena ligt Skischule Arena. Op de piste zijn de leraren van Arena te herkennen aan hun rode skibroeken en zwarte jassen. Deze skischool biedt zowel privélessen als groepslessen aan. De groepen houden ze bewust klein, om zo het leerproces te bevorderen. Prijzen (voor zowel kinderen als volwassenen: een dag € 70, drie dagen € 160, vijf dagen € 220. Dit is op basis van vier lesuren per dag. Verzamelen om 09.00 uur bij de skischool, start

Zell am Ziller ▶ Zell am Ziller

les boven in het skigebied om 9.30 uur, tot 11.30 uur. Lestijden middag: 12.30-14.30 uur. Prijzen privélessen: vier uur les voor één persoon € 190, twee personen € 215, drie personen € 240. Gevorderde skiërs kunnen ook freeridelessen boeken en worden dan meegenomen off-piste.
Rohrberg 20a, 6280 Zell am Ziller, tel. 664 8553546, info@skischule-arena.at, www.skischule-arena.at

Kleine groepjes
Ski School Pro Zell ❷
Buurman van Arena, dus ook gelegen naast het dalstation van de Zillertal Arena. Pro Zell geeft les in verschillende talen, waaronder Nederlands. Kinderen zitten met maximaal vijf in een groep, jongeren en volwassenen met maximaal tien personen. Kinderen hebben de mogelijkheid om mee te lunchen (€ 13), dan zijn ze van 9.00 tot 15.30 uur onder toezicht van een skileraar. Prijzen: € 70 voor een dag, € 160 voor drie dagen, € 200 voor vijf dagen. Volwassenen betalen hetzelfde, dan gaat het om vier uur les per dag (9.00 uur verzamelen, gezamenlijk met de gondel omhoog, 9.30-11.30 en 13.15-15.15 uur les). Privéles is ook mogelijk, prijzen verschillen per lestijden. Tussen 9 en 10 uur € 50 per persoon. Tussen 9.30 en 11.30 uur € 100, tussen 14 en 16 uur € 90. Elke extra persoon betaalt € 10 per uur.
Rohrberg 18, 6280 Zell im Zillertal, tel. 52 82 71 04, info@skischule-pro-zell.at, www.skischule-pro-zell.at

Een instituut
Ski- & Snowboarschule Lechner ❸
Meer in het centrum van Zell am Ziller is een van de oudste skischolen van Oostenrijk te vinden: die van de familie Lechner. Ook zij bieden lessen aan kinderen en volwassenen. Tijden: in de ochtend tussen 10.00 en 12.00 uur (verzamelen 9.30 uur), 's middags van 13.00 tot 15.00 uur. Voor ouders die zelf niet skiën maar hun kinderen wel op les doen: Skischule Lechner haalt met de kindertaxi, een sneeuwscooter met aanhanger, kinderen op bij hotel of dalstation, en brengt ze uiteraard ook weer netjes thuis. Prijzen, ook voor volwassenen: € 75 voor een dag, € 165 voor drie, € 205 voor vijf dagen. Voor de allerkleinsten, tot 5 jaar: € 38 voor een dag, € 114 voor drie dagen, € 190 voor vijf dagen. Privélessen: € 200 voor vier uur, dat is voor 2 personen. Derde persoon betaalt € 30. Halve dag, € 100 voor twee personen, € 20 voor een derde persoon.
Gerlosstraße 7, 6280 Zell am Ziller, tel. 52 82 41 36, www.skischule-lechner.at

Rodelpret voor jong en oud
Arena Coaster
Een van de topattracties in Zell am Ziller buiten de piste is de Arena Coaster. Het is de eerste Alpenachtbaan in het Zillertal, die weliswaar niet over de kop gaat, maar toch voor genoeg adrenaline zorgt. Met de gondel, dezelfde als waarmee je het skigebied in trekt, ga je de berg op. Op een sleetje vastgemaakt aan een rail suis je – in je eentje of met z'n tweeën – in hoog tempo weer naar beneden. De totale afstand van de baan is 1450 meter, daarvan gaan er 1125 bergaf. Een rit duurt ongeveer zes minuten. Onderweg zorgen twee draaitollen van 360° en 540° voor het nodige extra plezier. Adres: Rohr 19, 6280, Rohrberg, tel. 52 82 71 65 240. Openingstijden: tussen 22 december en 22 april dagelijks van 14.00-17.00 uur. Prijzen: Volwassenen een rit € 5,20. Vijfrittenkaart € 24,20. Tien ritten € 47. Kinderen (geboren vanaf 2004): een rit € 3,20, 5 ritten € 14,90, tien ritten € 29.
www.zillertalarena.com

EVENEMENTEN

Het bal der brandweermannen
Elk jaar vindt begin januari het Ball der Freiwilligen Feuerwehr plaats in Zell am Ziller, dit jaar op 12 januari om 20.30 uur. Locatie: Zellerhof/Dorfstadl (Bahnhofstraße 3, 6280, Zell am Ziller, tel. 5282 2612). Een kaartje kost € 5 in de voorverkoop, € 8 aan de deur. Wat je kunt verwachten: veel lederhosen, bier en koperen blaasinstrumenten.

ZELL AM ZILLER

Bezienswaardig
1 Regionalmuseum Zillertal

Overnachten
1 Das Posthotel
2 Aktivhotel Tuxerhof
3 Landhaus Rohrmoser

Eten en drinken
1 Zillertal Bier
2 Englhof
3 Dorfstadl

Actief
1 Arena
2 Pro Zell
3 Lechner

De vrijwillige brandweer weet wel hoe je een traditioneel Tiroler feestje moet vieren.

De carnavalsoptocht
Op de zondag van carnaval rijdt er vanaf 13.00 uur een carnavalsoptocht door het centrum van Zell am Ziller. Samen met de 'Gardemusik', de blaaskapel en Prins Carnaval en zijn wederhelft, wordt het dorp volledig op z'n kop gezet. Aansluitend is er nog het Kindermaskenball, een kinderfeest waar ook volwassenen meer dan welkom zijn.

....
INFO
....

Tourismusverband Zell-Gerlos Zillertal Arena: Dorfplatz 3a, 6280, Zell am Ziller, tel. 52 82 22 810, www.zillertalarena.com.

#6

Historisch verantwoord drinken – **Zillertal Bier**

Het is een veelvoorkomende combinatie: winter, sneeuw, zon en een biertje. Het liefst in een flinke pul, waar de condens op slaat zodra het bier uit de tap de onderkant van het glas raakt. En dan, buiten aan een lange houten tafel, proosten op de dag skiën die nog vers achter je ligt. In het Zillertal kan dit allemaal met de lokale trots: Zillertal Bier. De brouwerij staat in Zell am Ziller.

De biertraditie in het Zillertal gaat terug naar de late middeleeuwen, als het aartsbisdom Salzburg de provoost in Zell am Ziller het recht geeft om bier en brandewijn te produceren en distribueren. Nu, ruim vijfhonderd jaar later, duurt die traditie nog steeds voort, en is de **Brauerei Zell am Ziller** een van de hoogtepunten van het dal.

Al eeuwen in de familie

Zillertal Bier is een familiebedrijf. Ongeveer anderhalve eeuw na de eerste bierrechten kocht Josef Hochbichler in 1664 het **Polsingerhaus**, het pand waar die tijd het bier en de brandewijn geproduceerd werden. Met de aankoop van het huis verkreeg Hochbichler ook de rechten. Daarmee werd hij de eerste onafhankelijke brouwer

Zillertal Bier komt in verschillende vormen en maten. Alle bieren zijn te proeven bij de brouwerij, of verkrijgbaar in cafés en restaurants in het hele Zillertal.

De brouwerij van Zillertal Bier staat aan de rand van het dorp.

van Tirol. Hochbichler was een directe voorvader van de huidige eigenaren van Zillertal Bier. De brouwerij zit dus al eeuwen in dezelfde familie. In 1738 verhuisde de brouwerij naar de Gerlosstraße, waar Zillertal Bier tot 2012 zou blijven. Het Polsingerhaus werd een Gasthof en dat is het nog steeds. Eigenaar van de brouwerij is **Hotel Gasthof Bräu**, een viersterrenhotel op het dorpsplein van Zell. Veel van de geschiedenis is daar bewaard gebleven, en uiteraard wordt er in de bar en het restaurant van het hotel Zillertal Bier geschonken.

Speciaal voor het Gauderfest heeft Zillertal Bier een bockbier gebrouwen, de Gauder Bock. Het is het sterkste festivalbier van Oostenrijk, met een alcoholpercentage van 7,8. Het lichte bockbier is acht maanden gerijpt en is enkel te verkrijgen als halve liter. In een fles of van de tap, in een flinke pul.

Bier voor de eigen regio

De nieuwe brouwerij is een stuk moderner en ligt centraler in de vallei. Net buiten het centrum van Zell, aan de doorgaande Zillertaler Straße. Het is ongeveer ter hoogte van de brouwerij dat je kunt kiezen of je rechtdoor rijdt richting Mayrhofen of afbuigt naar Gerlos. De glazen pui, die overloopt in strakke, **moderne architectuur** met gebruik van veel hout, is meerdere verdiepingen hoog en indrukwekkend. Voor de ingang is er een biergarten, waar bezoekers bij evenementen en op zonnige dagen aan lange tafels bier kunnen drinken. Achter de pui ligt een brouwerij waar jaarlijks meer dan 60.000 hectoliter bier wordt gebrouwen. Dat bier wordt vrijwel alleen maar in de directe omgeving gedronken, buiten Tirol is het nauwelijks te verkrijgen.

Tiroler biercultuur

De Tiroler biercultuur wordt serieus genomen aan de rand van Zell. Ingrediënten worden zo veel mogelijk uit de regio gehaald, ook al is het soms goedkoper om het van ver te importeren. De hop komt uit Mühlviertel, dat tegen de grens met Hongarije aan ligt. Gerst en tarwe wordt uit de regio's Opper-Oostenrijk en Neder-Oostenrijk gehaald. Het bronwater dat voor het bier wordt gebruikt, is dicht bij huis voorradig. Het resulteert in een keur aan verschillende bieren, met namen als **Tyroler**, een krachtig een fruitig bier met een vleugje mango en passievrucht. Of **Märzen**, goudgeel en vol van smaak. Uiteraard bevat de selectie ook witbier, radler en donker bier.

#6 Zillertal Bier

Tal van lederhosen

De hele winter door is het Zillertal Bier te vinden in bijna elke kroeg in het dal, maar als de laatste sneeuw gesmolten is en de lente is begonnen, laat de brouwerij uit Zell nog maar eens zien hoe belangrijk hun rol is binnen de regio. De eerste week van mei vindt in Zell traditiegetrouw het Gauderfest plaats. Met zo'n 30.000 bezoekers is het feest uitgegroeid tot het grootste kostuumfestival van heel Oostenrijk. Omdat de eerste editie al plaatsvond in 1428, heeft **UNESCO** het festival enkele jaren geleden uitgeroepen tot immaterieel cultureel erfgoed. De brouwerij speelt al sinds de allereerste editie van het Gauderfest een belangrijke rol, met het leveren van het bier. Speciaal voor de gelegenheid wordt jaarlijks de Gauder Bock gebrouwen. Het is het sterkste festivalbier van het land, met een alcoholpercentage van 7,8.

Oog voor de toekomst

Al zestien generaties lang speelt Zillertal Bier een belangrijke rol in het dal, en de brouwerij wil dat ook in de toekomst zo houden. Zo zorgen zonnepanelen op het dak van de brouwerij jaarlijks voor een besparing van 230.000 kilogram CO_2. Dat staat gelijk aan het planten van 5700 bomen. Een Zillertal biertje is dus niet alleen historisch verantwoord, maar ook met het oog op de toekomst.

Als het gaat om landen waar het meeste bier wordt gedronken, is Oostenrijk vicewereldkampioen. Oostenrijkers drinken per persoon tussen de 103 en 108 liter bier per jaar. Alleen Tsjechen drinken met bijna 150 liter per persoon meer bier in een jaar.

INFO EN OPENINGSTIJDEN
Bezoekadres: Bräuweg 1, Zell am Ziller, tel. 52 82 23 66, website met meer achtergrond en informatie: www.zillertal-bier.at.
Openingstijden: ma.-vr. 8-17.30, za. 8-12 uur, zo. gesloten.
Het Gauderfest vindt plaats begin mei. Meer informatie over het festival is te vinden op www.gauderfest.at.

OVERNACHTEN
Midden in Zell, op de Dorfplatz, ligt Hotel Gasthof Bräu. Hier was de allereerste brouwerij van Zillertal Bier gevestigd. Nu slaap je er comfortabel in een viersterrenhotel. Prijzen: 2 pk vanaf € 82 in het laagseizoen, € 125 in het hoogseizoen (week van kerst en oud en nieuw). Prijzen zijn op basis van halfpension.
Het hotel biedt ook uitgebreide sauna- en wellnessmogelijkheden.
Aanbiedingen en meer informatie: www.hotel-braeu.at.

Uitneembare kaart: C 2 | **Plattegrond:** ▶ blz. 47

Hainzenberg 🗺 D3

De rustige berg van de Zillertal Arena ligt een beetje op zichzelf. Hainzenberg is een klein dorpje, met zo'n 700 inwoners.

Gerlosstein
En een eigen skigebied: Gerlosstein. Hoewel dit gebied onderdeel is van de Zillertal Arena, en je daar ook gewoon met je skipas terecht kunt, is de berg niet aangesloten op de rest van het skigebied. Dat betekent een rustig en overzichtelijk gebied, ideaal voor families met jonge kinderen of beginnende skiërs. De **Gerlossteinbahn**, de gondel die je de berg op brengt, is open op ma.-za. 8.30-16.30, 19.30-21.15, zo. 8.30-16.30 uur.

🏠 Op de berg
Berghotel Gerlosstein
's Ochtends vroeg wakker worden op een nagenoeg lege berg, 's nachts naar een duizelingwekkende sterrenhemel staren en overdag meer dan genoeg winterse activiteiten te doen. Berghotel Gerlosstein is een comfortabel driesterren hotel maar met een unieke ligging op de berg.
Gerlosstein 551, 6278 Hainzenberg, tel. 52 82 24 19, info@gerlosstein.at, www.gerlosstein. at. Prijzen: vanaf 52 per persoon per nacht, inclusief ontbijt

🍴 Bovenaan de gondel
Schlittenstadl
Houten tafels, geruite servetten, geruite tafelkleden en geruite gordijnen, veel Oostenrijkser dan hier krijg je het niet. Inclusief stevige bergmaaltijden en Tiroler gezelligheid.
Bichl 260, 6278 Hainzenberg, tel. 5282 3689, www.schlittenstadl.at

🍴 Vertrekpunt de natuur in
Arbiskogel
Veel toerskiërs duiken vanaf hier het prachtige achterland in, om dagtochten te maken zonder gebruik te maken van skiliften. Bij terugkomst wacht een typisch Tiroler berghut, waar een stevige lunch klaarstaat, of huisgemaakte schnaps om weer warm van te worden.
Gerlosstein 553a, 6278 Hainzenberg, tel. 5282 2419, www.gerlosstein.at

OVERIGENS

De goudwinning, die van Zell am Ziller honderden jaren geleden een plaats van belang maakte, gebeurde op de Hainzenberg. Pas in de jaren dertig van de vorige eeuw is besloten te stoppen met het zoeken naar goud. Sinds die tijd heeft Hainzenberg zich ontpopt tot rustpunt in de populaire Zillertal Arena, met een fascinerende geschiedenis onder het oppervlak.

⛷ De langste rodelbaan van het dal
Arena Coaster
Wie nog niet genoeg heeft van het rodelen na de Arena Coaster, kan de oversteek maken naar de Gerlosstein. Daar ligt de langste rodelbaan van het dal, met een totale lengte van zeven kilometer. Bij het dalstation van de Gerlossteinbahn is het mogelijk om sleetjes te huren. Prijzen voor eenmalige gondeltickets: € 8,60 voor volwassenen overdag, € 10 in de avond. Kinderen van 6 tot 14 € 4,30 overdag en € 5 in de avond. De rodelbaan start op een hoogte van 1650 meter en blijft verlicht tot 1.00 uur 's nachts. Onderweg zijn meerdere bergrestaurants te vinden, om je op te warmen of voor een hapje of drankje.
Gerlossteinbahn, tel. 52 82 35 45 of 52 82 57 02

SKIGEBIED ZILLERTAL ARENA

Het grootste skigebied van het dal – **Zillertal Arena**

#7

Het grootste aaneengesloten skigebied van het Zillertal ligt grofweg in het midden van het dal. Vanuit Zell am Ziller strekt het gebied zich uit via Gerlos tot aan Wald-Königsleiten en Krimml-Hochkrimml. In totaal is hier 134 kilometer aan geprepareerde pistes te vinden, zijn er 52 liften en hebben skiërs en snowboarders een ruime keuze uit afdalingen met een uiteenlopende moeilijkheidsgraad.

Zon, sneeuw en een strakblauwe lucht. Alles wat je nodig hebt als skiër of snowboarder.

Omhoog vanuit Zell

De eerste plaats van het skigebied is Zell, een rustig dorp dat zeer geschikt is voor families. Het centrum is sfeervol, vooral dankzij een keur aan leuke cafeetjes en genoeg winkelmogelijkheden. En ook op de piste blijf je uit de hectiek in dit deel van het skigebied. Er is een klein en compact skigebied, **Gerlosstein**, dat net boven het dorpje **Hainzenberg** ligt. Met bijna dertien kilometer aan afdalingen is het gebied ideaal voor beginnende skiërs of gezinnen. Wachttijden voor de liften zijn er nauwelijks en elkaar kwijtraken zal ook niet snel gebeuren.

Een stuk groter is het gebied dat bereikt kan worden met de Karspitzbahn of de Rosenalmbahn. Via een van deze gondelliften kom je in een deel van de Zillertal Arena terecht met een grote variatie aan voornamelijk rode afdalingen. Het hoogste punt van het gebied, de Übergangsjoch op 2500 meter hoogte, is ook de toegangspoort tot de rest van het skigebied. Skiënd bereik je dan Gerlos, Königsleiten en Hochkrimml.

Altijd sneeuw in Gerlos

Gerlos ligt een stuk hoger dan Zell im Zillertal. Op een hoogte van 1300 meter is sneeuw in de winter gegarandeerd, en dat zorgt voor een keur aan wintersportmogelijkheden. Omdat het dorp precies in het midden van de Zillertal Arena ligt, kun je vanaf

OVERIGENS

In de maanden januari tot en met maart is er een speciaal aanbod om te skiën bij maanlicht. De drie keer dat het volle maan is, vindt er het Moonlight skiing & dinner plaats. Dat betekent een diner in een berghut en vervolgens een afdaling in het maanlicht. Kosten per persoon: € 59.

Zillertal Arena #7

hier alle kanten op. Via de **Isskogel**, op 2264 meter hoogte, trek je richting Zell. De andere kant op brengt de Fussalm-X-Press je het gebied van Königsleiten in. Ook populair in Gerlos is het Snowpark, dat aan de Vorkogellift ligt. Het ligt aan de zonkant van de berg, wat voor een fijne combinatie zorgt. Freestylers die springen en trucjes doen en tegelijkertijd loungestoelen en muziek in de Chill Area.

Helemaal achterin de Zillertal Arena

Nog hoger ligt Königsleiten, dat op 1600 meter de hoogstgelegen plaats in het skigebied is. Rondom de **Königsleitenspitze** vind je veel rode, blauwe en een paar zwarte afdalingen. Skiënd is ook Hochkrimml-Gerlosplatte te bereiken, waar rondom de Plattenkogel (2040 meter) nog verschillende liften en afdalingen te vinden zijn. Iets verder afgelegen liggen de dorpen Krimml en Wald. Door de rust en het gebrek aan afdalingen, zijn deze bestemmingen uitermate geschikt voor (sneeuwschoen)wandelingen.

Moderne service van het skigebied: bij tal van liftstations en berghutten is er gratis wifi. Ook handig om gebruik te maken van de iZillertal Arena app, een praktische onlinegids voor onderweg.

INFORMATIE EN PRIJZEN

Dagkaart: vanaf 8.30 uur: € 53,50 voor volwassenen, € 42,80 voor jongeren (15-18 jaar), € 24,10 voor kinderen (6-14 jaar). Bij het aanschaffen van een meerdaagse kaart bezit je meteen de Zillertaler Superskipass – geldig in het volledige Zillertal. Prijzen voor zes dagen: € 256,50 voor volwassenen, € 205 voor jongeren en € 115,50 voor kinderen. Deze skipas biedt ook gratis toegang tot het openbaar vervoer in het Zillertal, inclusief de Zillertalbahn.
Bezoekadres: 6280 Zell im Zillertal, Rohr 23, tel. 52 82 71 65, info@zillertalarena.com, www.zillertalarena.com

ETEN EN DRINKEN

De **Arena Stadl** ligt op 2400 meter hoogte en is te bereiken met de zespersoonsstoeltjeslift Kreuzjoch-X-Press. Openingstijden hangen samen met die van het skigebied, tel. 52 88 62 632, info@kreuzjoch.at.

Uitneembare kaart: C 2 | **Plattegrond:** ▶ blz. 52-53

Gerlos

Als je er naartoe rijdt, waan je je heel even aan het einde van de wereld. Niets dan bergen en natuur aan weerszijden van de kronkelende weg die het Zillertal verlaat en het Gerlostal binnendringt. Ook de oevers van de Gerlosbach, waar het dal naar vernoemd is, bieden niets anders dan rust. Maar dan de andere kant van de wintersportbestemming. Wie wil, kan hier dag en nacht après-skiën. In kroegen met klinkende namen als Cin Cin, Luigi's Turbo Bar en Little London. Het maakt de plaats een van de meest veelzijdige bestemmingen binnen het Zillertal.

Gerlos H/J 6,

plattegrond ▶ blz. 60-61

De meest afgelegen plaats van het Zillertal en tegelijkertijd een van de meest levendige. De après-ski is beroemd tot ver buiten de eigen landstreken en heeft ook Nederland bereikt. In veel bars en cafés kun je hier gewoon in je eigen taal een biertje bestellen. Maar Gerlos is ook een plaats in het Zillertal met een lange geschiedenis, op de grens van Tirol en Salzburg.

De skibus in het dorp is gratis.

Tirol of Salzburg?

Een kijkje in de geschiedenis van Gerlos is meteen een van de mooiste autoritten van heel Oostenrijk. Tegenwoordig is de Gerlospas een kronkelende bergpas die Tirol verbindt met Salzburg. Het is een tolweg (prijzen: dagticket voor een auto € 9,50, acht dagen € 20, toegang voor het hele jaar € 45) die Krimml met Königsleiten verbindt. Die onderweg de Krimml Watervallen passeert en die onderdeel is van Nationaal Park Hohe Tauern. Maar voordat hier asfalt lag, en toegangspoortjes aan beide kanten van de berg stonden, speelde de pas ook al een belangrijke rol in dit deel van Oostenrijk. Zo is gebleken dat ruim 3500 jaar geleden al mensen leefden aan beide zijden van de bergpas. Aan de ene kant in het Zillertal, aan de andere kant in het Salzachtal. Het is dan ook zeer waarschijnlijk dat ze de bergpas toen al gebruikten om aan de andere kant te komen. Veel later, toen er in de buurt van Zell am Ziller goud werd gevonden, werd de pas belangrijker. Het werd 'de weg naar het goud', en in 1630 werden er zeventig werkers ingezet om het pad dat er tot dan toe lag te verbreden. De moderne Alpenstraße werd halverwege de 20e eeuw aangelegd, waarbij goed werd gekeken naar de pas over de Grossglockner. Daar bleek dat een moderne bergpas een grote aantrekkingskracht heeft op het toerisme. In december 1962 was het zover: negen haarspeldbochten voerden automobilisten omhoog van Krimml naar de Pingzauer Höhe, niet ver van Königsleiten. De hellingsgraad: 9%. Het hoogteverschil: 558 meter. Inmiddels voert de Alpenstraße, en de aansluitende pas, nog steeds van Salzburg naar Tirol, en verbindt het over de weg de dorpen die onderdeel zijn van het Zillertal Arena skigebied. Zo kun je zowel op de piste als over de weg de grens over tussen de twee deelstaten.

Dorp met twee gezichten

Dat er in de loop der tijd meer toeristen op Gerlos zijn afgekomen, is te merken. Het dorp is volledig ingericht om een drukke winter aan te kunnen. Waar er 800 mensen permanent in Gerlos wonen, is er de hele winter plaats voor een veelvoud aan toeristen. Na Mayrhofen en Tux is Gerlos de meest geboekte plaats in het Zillertal voor een overnachting. Die drukte en gezelligheid vertaalt zich in een levendige après-skiomgeving (▶ blz. 66 en 67), maar laat je daardoor niet afschrikken als je weinig behoefte hebt aan elke dag feest. Gerlos is een dorp met twee gezichten. Naast de feestsfeer is er in de omgeving namelijk een overdaad aan rust te vinden. Het Gerlostal, een zijdal van het Zillertal, kenmerkt zich door prachtige natuur en veel mogelijkheden op het gebied van (winter)wandelen en langlaufen.

ETEN, SHOPPEN, SLAPEN

Overnachten

Hotel of appartement
Schönruh
Prachtig hotel en een nog fijnere Sruh Stadl lodge (appartement). Beide op loopafstand van de Isskogel. Ook ontbijt en diner uitstekend.
Innertal 285, 6281 Gerlos, tel. 52 84 53 68, info@schoenruh.com, www.schoenruh.com; familiekamer vanaf € 141

No-nonsense aan de rand van Gerlos
Ferienhaus Linda
Geen opsmuk bij Linda, wel een prima appartement voor dito prijs. Op 850 meter lopen van de Isskogel, of vijf minuten van de langlaufloipe.
Gerlos 335, 6281 Gerlos, tel. 52 84 53 31, www.urlauburlaub.at. Appartement voor 2-4 personen vanaf € 73 per nacht

In de winter hebben de koeien de bergflanken vrijgegeven voor skiërs en snowboarders, en staan ze veilig en droog op stal in het dal. Een van de absolute hoogtepunten in Gerlos is de manier waarop ze dat doen. Eind september vindt de **Almabtrieb** plaats. In een grote parade voeren de lokale boeren hun kuddes van de alm naar de stal, omgeven door een feestprogramma met livemuziek en andere evenementen. Iets om aan te denken als je af en toe een vlaag stallucht oppikt terwijl je hartje winter door het dorp loopt.

Genieten van het mooie weer op de piste, het kan op tal van plekken in het skigebied.

Eten en drinken

Tiroler specialiteiten
Jägerstüberl
Houten interieur, open haard, twee keer per week livemuziek en een kaart vol Tiroolse specialiteiten. En dan wordt er in de kelder ook nog eens zelf schnaps gestookt.
Gerlos 217, 6281 Gerlos, tel. 52 84 54 57, www.jaegerstueberl.at

Aangeraden door kenners
Manana's
Voor de liefhebber: dit restaurant heeft veertien Gault Millau punten en dat is respectabel te noemen. Verder: verse producten uit de regio maar een stuk exclusiever dan een schnitzel in een stube.
Gerlos 124, 6281 Gerlos, tel. 52 84 52 48, reservierung@mananas.at, www.mananas.at, hoofdgerecht vanaf € 16

Hotspot op de piste
Rösslalm
Op 1600 meter hoogte, gelegen aan de dalafdaling naar de Isskogel, is het hier

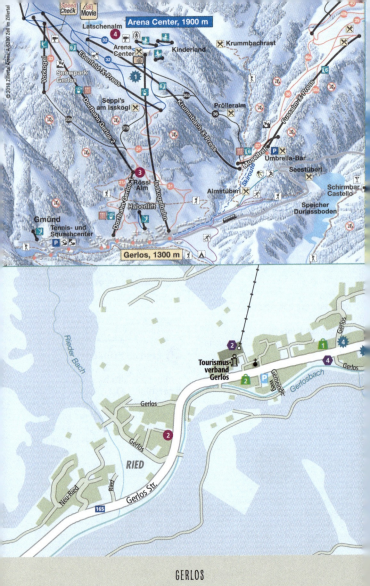

GERLOS

Overnachten
1. Hotel Schönruh
2. Ferienhaus Linda

Winkelen
1. Hotzone
2. Spar Kammerlander

Eten en drinken
1. Jägerstüberl
2. Manana's
3. Rösslalm
4. Latschenalm

Populair en afgelegen – Gerlos

Van welke kant je ook komt, zomaar in Gerlos arriveren doe je niet, zeker vanuit deelstaat Salzburg. Je moet er dan een stuk voor over de Gerlospas, een van de mooiste bergwegen van Oostenrijk die tussen Gerlos in het Zillertal en Mittersill in het Salzburgerland loopt. Een aantal andere ingrediënten die je in de nabijheid van een van de populairste skidorpen van Oostenrijk vindt: Nationaal Park Hohe Tauern en de watervallen van Krimml. Dat eerste is met een oppervlakte van 1836 km² een van de grootste natuurgebieden van heel Europa. En ook de watervallen zorgen voor een Europees record; hoger dan hier vind je ze niet op het Europese continent.

Gerlos is een afgelegen plek in het Zillertal. Het ligt in een zijdal, het gelijknamige Gerlostal, op 1247 meter hoogte. En ondanks dat het permanente inwoneraantal hier slechts rond de achthonderd schommelt, is er een veelvoud aan gastenbedden te vinden. Gerlos is vooral onder Nederlanders een veelbezochte bestemming. Dat is uiteraard niet zomaar ontstaan. Er zijn maar weinig plekken in Tirol waar je beter kunt après-skiën dan hier. In veel **kroegen en cafés**

Gerlos bij nacht, als de sterren aan de hemel fonkelen.

kun je je biertje zelfs gewoon in het Nederlands bestellen.

Een stukje geschiedenis

Gerlos is een smal dorp, dat aan beide kanten van de Gerlosstraße niet heel ver uitdijt. In de winter draait het hier maar om één ding en dat is skiën. De Isskogelbahn is de centrale gondellift die je het skigebied in voert. Daaromheen is een keur aan sportwinkels, skischolen en verhuurpunten te vinden. Iets verderop ligt de Pfarrkirche zum Hl. Lambert und Hl. Leonhard. Deze kerk stamt uit de eerste helft van de 18e eeuw. Dat is ook te zien aan de fresco aan de buitenkant van het kerkgebouw. Daarop is St. Leonhard te zien, als beschermheer van het vee, uitkijkend over Gerlos.

Plezier op de piste.

Toch duikt de plaats al vele eeuwen eerder op in de geschiedenis. Voor het eerst in het jaar 1154, toen het Saltus Gerlaise heette, grofweg te vertalen met 'puntige bedding van een bergbeek'. Anderhalve eeuw later zorgden boeren voor de eerste bewoning.

Van goudzoekers naar feestgangers

Dankzij de **Gerlospas** groeide het toerisme in Gerlos al relatief vroeg. Van oudsher was de pas al een veelgebruikte route: al 3500 jaar geleden maakten avonturiers en goudzoekers gebruik van het pad tussen het **Salzburgerland** en het Zillertal. Tot het begin van de 19e eeuw was de pas de enige rechtstreekse verbinding tussen de twee deelstaten Salzburg en Tirol. Halverwege diezelfde eeuw ontstonden de eerste gastenverblijven. Inmiddels zijn de risico's van de route beperkt. Al is het wel verplicht om sneeuwkettingen bij je te hebben als je de bochtige weg naar Gerlos neemt. En het toerisme? Ook dat heeft zich in de loop der tijd ontwikkeld. Het viert hoogtij in de 21e eeuw, vanwege de centrale ligging die Gerlos heeft in het skigebied Zillertal Arena. En vanwege combinatie tussen natuur en plekken in het dorp waar dag en nacht wat te beleven valt. Daarom is er voor ieder wat wils. En dat houdt iedereen tevreden.

INFO

Tourismusverband Zell-Gerlos: Gerlos 141, 6281 Gerlos, tel. 52 84 52 44, www.gerlos.at, info@gerlos.at, ma.-vr. 9-12.30, 14-18, za., zo. 9.30-11.30 uur.

ETEN EN DRINKEN

In het centrum van Gerlos, nooit ver van de Gerlosstraße, vind je een handvol restaurants en cafés, in verschillende prijsklassen en stijlen. Hotel-Restaurant Jägerhof biedt Tiroler specialiteiten, net als Restaurant Jägerstüberl. Er zijn verschillende pizzeria's, zoals La Tombola Gerlos, en er is een gastronomisch wat hoogstaandere optie met Gourmet-Restaurant Manana's, in 2015 nog opgenomen in de Gault Millau gids.

Uitneembare kaart: H/J 6 | **Plattegrond:** blz. 60-61

Gerlos ▶ Gerlos

vanaf de lunch standaard gezellig druk. Eten (lokale kost), drinken en après-ski.
Gerlos 308, 6281 Gerlos, tel. 66 41 47 50 00, info@roesslalm.at, www.roesslalm.at

Nog hoger in het skigebied
Latschenalm ❹
Bergrestaurant op 1950 meter boven zeeniveau, midden in het skigebied Zillertal Arena, en dat betekent een perfecte plek voor een lunch op de piste.
Gerlos 307a, 6281 Gerlos, tel. 66 44 13 25 45, info@latschenalm.com, www.latschenalm.com

 Winkelen

Het zal geen verrassing zijn dat Gerlos geen winkelparadijs is. Vrijwel het volledige winkelaanbod is te vinden op de hoofdstraat, met als zwaartepunt de sportwinkels.

Snowboarders gaan naar Hotzone
Hotzone 🛈
Het is de enige boardshop in Gerlos, maar wel eentje met drie vestigingen: naast die aan de hoofdstraat ook bij de skiliften Dorfbahn en Isskogel. Assortiment: alles wat een snowboarder (of skiër) nodig heeft en mooi vindt.
Gerlos 177, 6281 Gerlos, tel. 52 84 52 50, info@hotzone.tv, www.hotzone.tv

De supermarkt van Gerlos
Spar Kammerlander 🛈
Onmisbaar voor diegenen met een appartement: de supermarkt. Makkelijk te vinden in het centrum van Gerlos.
Gerlos 145, 6281 Gerlos. Openingstijden: ma.-za. 7-18.30, zo. 8-11, 16-18 uur

 Uitgaan

Voor een uitgebreid overzicht van de après-skimogelijkheden (zie blz. 66 en 67). Waar je in elk geval terecht kan voor een feestje:

Beginnen op de piste
Seppi's 🌟
Echt après-skiën begint al tijdens het skiën. In Gerlos bij Seppi's, op de piste.
Gerlos 307, 6281 Gerlos, tel. 66 41 42 74 04, www.seppis.cc

Aan de voet van de gondel
Luigi's Turbo Bar ❷
Met een naam als Luigi's Turbo Bar weet je eigenlijk al genoeg. De locatie is ook perfect: bij het uitstappen van de gondel in het dal rol je zo naar binnen. Alleen oppassen dat je ook nog buiten komt.
Gerlos 297, 6281 Gerlos, tel. 52 84 53 78, www.turbobar.at

Op en top Nederlands
Cin-Cin 🌟
In de hoofdstraat van Gerlos is dit misschien wel de populairste kroeg van allemaal. Je biertje bestel je gewoon in het Nederlands.
Gerlos 198, 6281 Gerlos, tel. 52 84 52 04, www.apreski.tv

Door naar Engeland
Little London 🌟
Elke dag tussen 16 en 21 uur après-ski, met barmeisjes in dirndl, livemuziek, enorme pullen en bier dat maar uit de tap blijft stromen.

De Sruh Stadl lodge van Hotel Schönruh, aan de rand van Gerlos.

Gerlos ▶ Gerlos

Gerlos 179, 6281, Gerlos, tel. 52 84 53 00, www.little-london.at

Voor wie van geen ophouden weet
Country Club 💰
Precies op de plek waar Cin-Cin de middag opstart, sluit de Country Club de nacht af. Open van 22 tot 4 uur.
Gerlos 198, 6281 Gerlos, tel. 52 84 52 04, www.apreski.tv

 Sport en activiteiten

Achtpersoonsgondel
Isskogelbahn ❶
Deze achtpersoonsgondel is de belangrijkste kabelbaan vanuit het dal het skigebied in. Het dalstation ligt in het centrum van het dorp, op loopafstand van veel accommodaties. Er is een groot parkeerterrein bij het dalstation aanwezig, waar je gratis kunt parkeren.
Gerlos 306, 6281 Gerlos, www.zillertalarena.com, 8.45-16 uur

Voor de doorstroming
Dorfbahn ❷
Vrij recent is er aan de andere kant van het dorpscentrum een tweede gondellift geopend: de Dorfbahn. Dit zorgt voor een betere doorstroom bij beide liften. Er zijn parkeerplaatsen, maar tegen betaling.
Gerlos 141a, 6281 Gerlos, www.zillertalarena.com, 8.45-16 uur

SKISCHOLEN

Veel aandacht voor kinderen
Michi's Schischule ❸
Deze skischool biedt al skilessen aan kinderen vanaf 2 jaar. Spelenderwijs worden ze meegenomen in de wereld van het skiën, waarbij plezier het allerbelangrijkste is. Kinderen van 2 jaar krijgen les op harde plastic ski's en hoeven geen skischoenen aan. Een les duurt niet langer dan een uurtje en een leraar neemt nooit meer dan twee kinderen tegelijk onder zijn of haar hoede. Een les is te boeken in combinatie met kinderopvang. Die bevindt zich in het bergstation van de Isskogel en is voor kinderen vanaf 1 jaar. Openingstijden: zo.-vrij. van 9.00-15.30 uur. Zorg wel dat je zelf alle benodigdheden voor je kind meeneemt naar de opvang. Kinderen van 3 worden al iets meer wegwijs gemaakt in het skiën en krijgen een les die twee uur duurt. Prijzen: een dag € 60 (voor twee uur les), in combinatie met opvang € 100 (€ 112 inclusief lunch en drinken). drie dagen € 145 zonder opvang, € 190 met. Vijf dagen € 175 zonder, € 220 met. Er geldt ook een 'Bambi(ni)' startaanbieding voor 3 tot 5-jarigen, dan boek je op zondag of maandag twee uur les voor € 40. Meerdere aanbiedingen te vinden op www.gerlos-skischool.nl. Volwassenen zijn ook welkom voor lessen. Prijzen: een dag (4 uur) € 100, drie dagen € 190, vijf dagen € 220.
Gerlos 209, 6281, tel. 52 84 56 30, www.michis-schischule.com

In Gerlos houden ze wel van een feestje. Après-skimogelijkheden zijn er dan ook genoeg.

Volop avontuur
Adventure-Snowsportschule Gerlos Total ❹
Total biedt lessen aan vanaf 4 jaar. Les is dan vier uur per dag (9.30-11.30 en 13-15 uur), in kleine groepen en met leraren die Nederlands spreken. Jongeren vanaf 13 kunnen er ook voor kiezen om les te krijgen in het funpark, off piste of in het freeriden (let wel op: helm en rugbescherming verplicht). Volwassenen kunnen kiezen voor vier uur per dag (9.30-11.30 en 12-14 uur) of twee uur per dag. Beginners verplicht vier uur per dag, lesgroepen minimaal vier peronen.

Altijd en overal feest – de beste après-ski

Sommige nachten in Gerlos duren nog langer dan de dag. Het is voor genoeg vakantiegangers, waaronder ook veel Nederlanders, reden om voor deze bestemming te kiezen. Wie van een feestje houdt, zit in Gerlos nooit mis.

Dat begint al bij het dalstation van de Isskogelbahn. Direct aan het einde van de dalafdaling vind je **Luigi's Turbo Bar**. Een naam die al weinig meer aan de verbeelding over laat. Binnen is het klein, donker en gezellig en vanaf eind van de middag zit de sfeer er goed in. De kans is groot dat er nog voor het avondeten iemand op de bar staat te zingen of muziek maakt, of dat de polonaise meerdere keren is ingezet. Dankzij de locatie van de bar is dit in ieder geval de ideale plek om je après-ski te beginnen.

Beroemd in heel Oostenrijk

Gerlos is niet groot, dus ook het nachtleven is overzichtelijk. Al begint het nachtleven in een wintersportdorp vaak al rond een uur of vier in de middag. Wie niet in Luigi's Turbo Bar staat te feesten na een dag op de piste, doet dat wel in de beroemde **Cin-Cin**. Het is een van de bekendste après-skibars van heel Oostenrijk, en vooral onder Nederlanders geniet de Cin-Cin grote populariteit. Niet alleen vanwege de ligging, ook omdat je er gewoon in het Nederlands een biertje kunt bestellen, of mee kunt zingen met de muziek die gedraaid wordt.

Een paleiswacht boven de ingang

Boven de ingang staat een gigantische Engelse paleiswacht, met kenmerkend rood uniformjasje en een hoge, zwarte berenmuts. Binnen staan de barvrouwen in Oostenrijks dirndl-outfit achter de tap en klinkt er tussen 16.00 en 21.00 uur dagelijks feestmuziek uit de speakers. Soms in het Duits, net zo vaak in het Nederlands. En dan is er voor de liefhebber ook nog gelegenheid tot karaoke. De derde niet te missen plek om na een dag skiën stoom af

Boven aan de Isskogelbahn vloeit het eerste bier al vroeg op de middag, vooral bij Seppi's. In en rondom deze berghut, midden op de piste, is het de hele dag door gezellig (openingstijden 8.30-17.00 uur) en staan er 's middags vaak dj's te draaien.

De beste après-ski #9

Als ze ergens weten hoe ze een feestje moeten bouwen, dan is het wel in Gerlos.

te blazen is **Little London**. Gelegen in de kelder van Hotel Central weten ze ook hier hoe je een feestje moet bouwen. Na 21.00 uur volgt het nachtprogramma, met livemuziek tot 1.00 uur

Tot in de kleine uurtjes

En wie dan nog steeds geen genoeg kan krijgen van het feestgedruis, kan in de **Country Club** het echte nachtleven induiken. Al ruim veertig jaar is dit de plek waar in Gerlos het licht wordt uitgedaan. Elke nacht gaat het tot 4.00 uur helemaal los, met dj's uit Nederland, Duitsland, Engeland en Oostenrijk. De Country Club opent pas om 22.00 uur 's avonds, dus tussendoor heb je alle tijd om je even op te frissen en eindelijk die skischoenen uit te doen.

INFO EN OPENINGSTIJDEN

Alle après-skibars in Gerlos zijn in de winter dagelijks geopend. **Luigi's Turbo Bar** vanaf 15 uur, net als **Cin-Cin**. **Little London** opent een uurtje later en de **Country Club** is enkel voor laat op de avond, vanaf 22 uur

TAXI

Wie geen accommodatie in Gerlos zelf heeft, maar er toch wil après-skiën, doet er goed aan een taxi te bestellen. Dat kan bij Kammerlander Reisen GmbH, de enige taxiservice in Gerlos zelf.
Tel. 52 84 52 06 of 66 41 40 40 41.

Uitneembare kaart: C 2 | Plattegrond: ▶ blz. 60 en 61

Gerlos ▶ Königsleiten

Luigi's Turbo Bar ligt aan de voet van de Isskogelbahn.

Prijzen: kinderen een dag €60 (twee uur) of €100 (vier uur), drie dagen €145/€190, vijf dagen € 175/€ 220. Volwassenen een dag €60/€100, drie dagen €145/€190, vijf dagen €175/€220. Privéles: een uur € 75, vier uur € 265. Extra personen betalen € 20 tot € 37.

Gerlos 176, 6281, tel. 52 84 54 29, mail@schischule-gerlos.at, www.schischule-gerlos.at

INFO

Tourismusverband Zell-Gerlos - Zillertal Arena: Gerlos 141, 6281 Gerlos, tel. 52 84 52 440, info@gerlos.at, www.zillertalarena.com of www.gerlos.at. Openingstijden: ma.-vr. 9-12.30, 14-18, za. 15-17, zo. 9-11 uur. Let op: op feestdagen kunnnen de openingstijden afwijken.

Königsleiten ꘎ H 5

plattegrond ▶ blz. 70

Een bijzonder dorp, aangezien het volwaardig onderdeel van het skigebied Zillertal Arena is, maar geografisch gezien niet bij Tirol hoort, maar bij de deelstaat Salzburg.

Ontsloten door een pas

Wie de Gerlospas bedwingt, komt terecht in Königsleiten. Een bestemming voor de echte winterliefhebber, gelegen op 1600 meter hoogte. Het hele dorp staat in het teken van het skigebied. Tot de jaren zestig van de vorige eeuw woonde hier zelfs nog helemaal niemand. Pas toen het toerisme enigszins op gang werd getrokken, zorgde dat ook voor een handvol permanente inwoners. Dat betekent dat alle voorzieningen zijn toegespitst op de wintersport. Vrijwel het hele dorp is dan ook skiënd te bereiken.

Gondel vanuit het dorp

Vanuit het dorp gaan er meerdere skiliften. Twee korte liften voor oefenweides, en de Märchenwald, waarmee je direct in het skigebied Zillertal Arena terechtkomt. De gonddellift Dorfbahn 1, die ook vanuit het dorp vertrekt, voert naar de Königsleitenspitze, naar een hoogte van 2315 meter. Bij het dalstation van de lift zijn parkeermogelijkheden. Het is vanuit Königsleiten ook mogelijk om eerst door te skiën naar lagergelegen skiliften, zoals het dalstation van de gondellift Sonnenwendkopf van de Plattenkogel-X-Press. Hiermee is het gebied van Hochkrimml-Gerlosplatte te bereiken.

ETEN, DRINKEN, SLAPEN

Overnachten

Betaalbaar en centraal
Appartement Hofmann
Midden in Königsleiten ski je zo vanuit je voordeur de Zillertal Arena in. Skihuur mogelijk, net als ontbijt en diner.
Königsleiten 78, 5742 Wald im Pinzgau, tel. 65 64 86 39, www.appartement-hofmann.com, prijs per week vanaf € 700 voor een vierpersoonsappartement

Direct aan de piste
Das Alpenwelt Resort
In het hoogseizoen erg aan de prijs, maar daar krijg je een van de beste hotels van Königsleiten voor terug. In het voor- en naseizoen zijn er aantrekkelijke aanbiedingen.
Königsleiten 81, 5742 Wald im Pinzgau, tel. 65 64 82 82, www.alpenwelt.net

Authentieke berghutten
Steigerhütte
Op loopafstand van de skilift en een aantal bars en cafés, en zeer authentiek Oostenrijks, inclusief open haard.
Königsleiten 233, 5742 Wald im Pinzgau, tel. 66 41 58 16 17, info@steigerhuete.at, www.steigerhuette.at. Berghutvier personen € 140 per nacht

Eten en drinken

Zelfbediening op de piste
Bergrestaurant Panorama-Alm
Het concept is simpel: dienblad pakken en kiezen wat je eten wil. Ideale lunchplek op de piste, helemaal als de zon schijnt en je op het terras terecht kunt.
Königsleiten 99, 5742 Wald im Pinzgau, tel. 66 41 33 25 52, www.panoramaalm.at, 9-16.30 uur

Tijd voor wijn
Restaurant Vinotheek Weinzeit
Lekker eten met altijd een passende wijn. De kaart wisselt nog wel eens, want het devies hier luidt: zo vers en zo regionaal mogelijk koken.
Königsleiten 5, 5742 Wald im Pinzgau, tel. 66 43 03 08 41, info@weinzeit.net, www.weinzeit.net, di.-zo. 17 tot middernacht

Uitgaan

Ook Königsleiten kent een levendige après-ski.

Feest in je skischoenen
Hannes Alm
Meteen na je laatste bochtje duik je de Hannes Alm in voor een flinke portie feestmuziek. Enige nadeel van deze bar: iedereen doet dit. Het kan dus druk zijn.
Königsleiten 81, 5742, Wald im Pinzgau, tel. 65 64 82 82, dagelijks geopend tot 4 uur

Leve de koning
King's Bar

STERRENWACHT IN RUSTE

Ooit een van de hoogtepunten van Königsleiten, maar inmiddels helaas gesloten is de Sternwarte, de sterrenwacht. De locatie was er perfect voor, hoog in de bergen met weinig omgevingslicht. Het bijbehorende planetarium was zelfs het hoogste van heel Europa.
Met het blote oog zijn de sterren 's avonds bij een heldere hemel gelukkig nog steeds goed te zien. Vooral degene die de moeite neemt voor een avondwandeling wordt beloond met een prachtig zicht op de sterrenhemel.

KÖNIGSLEITEN

Overnachten
1. Appartement Hofmann
2. Das Alpenwelt Resort
3. Steigerhütte

Eten en drinken
1. Panorama Alm
2. Vinotheek Weinzeit

Uitgaan
1. Hannes Alm
2. King's Bar
3. Sportkeller
4. Schatzi Alm Bar

Sport en activiteiten
1. Arena Skischule
2. Schichule Königsleiten

Iets rustiger gaat het er verderop aan toe, in King's Bar. Het concept blijft echter hetzelfde: bier, schnaps en schlagers.

Königsleiten 98, 5742 Wald im Pinzgau, tel. 65 64 20 238, dagelijks geopend tot 3 uur

De originele apres-ski
Sportkeller 3

Traditionele, gezellige apres-skikelder, vlak bij Skischule Königsleiten. Wat rustiger en daarom geschikt voor de hele familie
Tel. 65 64 82 26.

En we gaan nog niet naar huis ...
Schatzi Alm Bar 4

Direct aan het Alpenwelt Resort zit de Schatzi Alm Bar, nog zo'n publiekstrekker in Königsleiten. Het concept is inmiddels bekend.

Königsleiten 81, 5742 Königsleiten, www.alpenwelt.net

SKISCHOLEN

Avonturentreinen en tovertapijten
Arena Skischule 1

Een van de twee skischolen in Königsleiten is Arena Skischule/Skischule Gerlosplatte, met een aanbod voor zowel kinderen (vanaf 4 jaar) als volwassenen. Voor de allerkleinsten is er Wurzi-Kinderland, met een avonturentrein, tovertapijt en stoeltjeslift. Kinderen sluiten hun lesweek af met een wedstrijd en huldiging. Prijzen: kennismakingsdag € 75, vier dagen € 195. Lunchservice, € 13 per dag. Volwassenen worden ingedeeld in kleine groepen van drie tot zes personen. Prijzen: vier dagen (dagen van twee uur les) € 180. een dag (twee uur les) € 75. Prijzen snowboardles: een dag (2 uur) € 60, vier dagen € 145.

Königsleiten 73, 5742 Wald im Pinzgau, tel. 65 64 85 00, info@unterwurzacher.com, www.unterwurzacher.eu

Degelijk
Schischule Königsleiten ❷

Midden in het dorp ligt Schischule Königsleiten, al ruim vijftig jaar aanwezig in het skigebied. Naast skiles wordt hier ook snowboardles gegeven. Kinderen (vanaf 4 jaar) leren spelenderwijs skiën. Lestijden: 10.00-12.00 uur en 13.30-15.30 uur. Let op: kinderen tot 16 jaar zijn verplicht een helm te dragen. Prijzen: € 75 per dag (voor vier uur les), vier dagen € 190, zes dagen € 210. Lesweken beginnen op zondag, en eindigen voor alle deelnemers met een wedstrijd, diploma en medaille. Meerprijs voor meelunchen: € 12 per dag. Volwassenen betalen voor een lesdag € 90, vier dagen € 190, vijf dagen € 200. Ook hier gaat het om vier lesuren per dag, op dezelfde tijden.

Königsleiten 52, 5742 Königsleiten, tel. 65 64 82 26 11, www.schischule-koenigsleiten.at

INFO

Tourismusverband Wald-Königsleiten: Wald 126, 5742 Wald im Pingzau, tel. 65 65 82 430, www.zillertalarena.com. Ook via info@wald-koenigsleiten.at of op www.koenigsleiten.eu, ma. vr. 8-12.30 en 14-17.30, za. 15-18 uur.

Gerlos ▶ Wald im Pinzgau

Wald im Pinzgau

Nog iets dieper in het Salzburger Land ligt Wald im Pinzgau, een klein dorp met zo'n 1200 inwoners. Wald vormt een dubbelgemeente met Königsleiten en hoort daarom bij het skigebied Zillertal Arena. Het ligt echter niet aan een piste, dus wil je de 'Arena' betreden dan moet je met de (gratis) skibus. Rij je met je eigen auto richting Königsleiten of Gerlos, dan kun je met je skipas gratis gebruikmaken van de Gerlos Alpenstraße, normaalgesproken een tolweg.

Dichtbij het nationaal park
Naar Wald kom je voor je rust. En die rust is overal te vinden. Zo zijn er verschillende wandelmogelijkheden in de buurt, maar nog indrukwekkender is **Nationaal Park Hohe Tauern** dat op een steenworp afstand ligt. Het is het grootste nationale park van Centraal Europa, en bovendien een van de meest waterrijke gebieden van Oostenrijk.
In het park bevinden zich alleen al zo'n 550 bergmeren. Het park strekt zich uit over delen van Tirol, Salzburg en Karinthië (voor meer informatie, zie Hoogtepunt 11, blz. 78 en 79).

Groot is-ie niet, maar er is een rodelbaan in Königsleiten. Het vertrekpunt ligt achter hotel Ursprung (Königsleiten 100), het eindpunt net onder de Gerlosstraße.
De totale lengte van de baan is 950 meter, genoeg om met plezier sleetje te rijden. Terug kun je lopen, of met de gratis skibus die je weer op komt pikken.

Gerlos ▶ Königsleiten

Auto's onder een verse laag sneeuw. Zorg dat je altijd sneeuwkettingen bij je hebt in het Gerlostal.

Natuur om de hoek
Maar waar je minstens een dag, en misschien wel meerdere, kunt uittrekken voor een bezoek aan Hohe Tauern, zijn er ook activiteiten in de buitenlucht die vanuit Wald zelf beginnen. De Familie Kreidl biedt op hun Bauernhof Unterklaffau, aan de rand van Wald, onder meer paardrijtochten aan, ook in de winter. Dat kan op verschillende niveaus. Ervaren ruiters kunnen zich opmaken voor mooie tochten, beginnende enthousiastelingen krijgen een introductie in het paardrijden.

Bio-Bauernhof Unterklaffaufhof, Trattenbach 30, 5741 Neukirchen am Großvenediger, tel. 66 45 34 79 60, info@bauernhof-kreidl.at, www.bauernhof-kreidl.at

Wandelen langs Maria
Tussen kerst en begin februari is de Maria Lichtmess te zien in Wald en omgeving. Op een wandelroute langs onder andere de rivier de Salzach (duur: ongeveer een uur, niet al te moeilijk) zijn meerdere kribben tentoongesteld. Op het dorpsplein van

OVERIGENS

Elk jaar rond de paasdagen maakt de Zillertal Arena er een ontspannen voorjaarsfeestje van. Met een ludieke actie. Wie in Oostenrijkse dirndl of lederhosen de piste op gaat, kan rekenen op een gratis dagkaart voor de Zillertal Arena van € 20. Wil je daar in 2019 bij zijn, zorg dan dat je op 6 april klaarstaat in je traditionele outfit. Plezier op de piste gegarandeerd.

Wald is een levensgrote kerststal te bewonderen.
www.zillertalarena.com of de vestigingen van het Tourismusverband

🍺 Thuis van huis
Schöneben
Gerund door een Nederlands stel, maar Oostenrijks ingericht met een modern tintje. Naast het restaurant ook een bar – met echte Hollandse bitterballen – en appartementen.
Wald 97, 5742 Wald in Pinzgau, tel. 664 75 11 50 75, info@schoneben.at, www.schoneben.at. hoofdgerecht vanaf € 13,75

Mineraalmuseum
Benieuwd naar wat er voor stenen en mineralen te vinden zijn in Nationaal Park Hohe Tauern? In dit privémuseum krijg je er alles over te zien en uitgelegd.
Wald 48, 5742 Wald im Pinzgau, tel. 65 65 83 72, office@pinzgauer-mineralien.at, www.pinzgauer-mineralien.at. Open op telefonische aanvraag. Toegang: volwassene € 3, kind € 1

In Wald en omgeving zijn er meerdere opties voor een ritje in de arrenslee.

❄ Plezier bij slecht weer
Kistallbad
Ideaal voor een dag met slecht weer. Groot binnenzwembad inclusief sauna en spa. Hier kun je ook een uitgebreide schoonheidsbehandeling nemen (of je laten knippen) en genieten van goede lokale gerechten.
Wald 30, 5742 Wald im Pinzgau, tel. 65 65 21 48 00, office@kristallbadwald.at, www.kristallbadwald.at. toegang bad en sauna (vier uur geldig) € 17,90

Hochkrimml 📖 J 5

plattegrond ▶ blz. 76

Gelegen op 1.700 meter is Hochkrimml een van de sneeuwzekerste dorpen van de Zillertal Arena. Het dorp ligt direct aan het skigebied, waardoor je vanuit veel accommodaties van je deur meteen de piste op kunt en je tot aan Gerlos en Zell am Ziller kunt skiën.

Langlaufparadijs
Vanuit Hochkrimml is er meer dan tweehonderd km aan langlaufmogelijkheden. Een van de hoogtepunten is de acht km lange panoramatrail, met 1640 hoogtemeters. Vanaf hier heb je prachtig uitzicht over zowel het Zillertal als de Hohe Tauern.

Alles-in-een op de berg
Filzsteinalm ❶
Restaurant, bar, accommodatie en skiverhuur ineen, midden in het skigebied.
Hochkrimml 206, 5743 Hochkrimml, tel. 664 46 31 195, www.filzsteinalm.at

Fenomenaal uitzicht
Duxerstadl ❶
Rustpunt tijdens het skiën op de Gerlosplatte.
Hochkrimml 159, 5743 Hochkrimml, tel. 664 82 28 408, www.duxerstadl.at

---

RITJE IN DE ARRENSLEE

In een paardenkoets door een wit winterlandschap, warm ingepakt onder een dikke deken en met een koetsier op de bok die de omgeving als geen ander kent. In Wald en omgeving zijn er twee opties. Bij de Familie Quehenberger (Plenkenhof, tel. 66 46 35 17 98, georg.quehenberger@cablelink.at) of via Bauernhof Kreidl (Trattenbach 30, 5741 Neukirchen am Großvenediger, tel. 66 45 34 79 60, www.bauernhof-kreidl.at).

Winterwandelen – **Krummbachalm**

10

Waar Gerlos bekendstaat om de levendige sfeer, zowel op de piste als in het nachtleven, kent het vakantiedorp ook een ander gezicht, namelijk eentje van rust. Met een paar bochten over een wandelpad ligt het skigebied achter je, en blijft er niets anders over dan een wit winderlandschap van adembenemende schoonheid.

Drie berghutten

De Krummbachalm is zo'n uitvalsbasis. Vanuit het dorp, langs het dalstation van de Isskogelbachn, begint een prachtige wandeling waar ook de niet-getrainde wandelaar makkelijk uit de voeten kan. Dat is een van de voordelen van het Gerlostal: er zijn veel wandelmogelijkheden waar je niet voor hoeft te klimmen. Wel de schoonheid van de bergen en het uitzicht, niet de zweetdruppels die het kost om naar boven te lopen.

De wandeling door het **Krummbachtal** kost ongeveer een uur, maar voert wel langs drie berghutten. De wandeling wordt dan ook wel de Jausentocht genoemd. Jausen betekent iets in de richting van een snack, of tussenmaaltijd. De eerste van de drie is de Almstüberl, met schitterend panorama-uitzicht op een van de zijdalen van het Gerlostal; het **Schönachtal**. Iets verder ligt de **Prölleralm**, op 1475 meter hoogte. Hier is de kans groot dat je skiërs en snowboarders van een kop koffie of biertje ziet genieten; de berghut ligt aan een zwarte piste aan de rand van het skigebied. Maar loop je door naar het eindpunt van de wandelroute, dan laat je die wereld achter je en duik je de ongerepte natuur in. Langs de Krummbach, de beek waar het zijdal haar naam aan te danken heeft. Tot aan de Krummbachrast, een authentieke berghut waar zelf kaas wordt gemaakt en geserveerd.

L
LOIPES

De Stinkmoosalm is ook een prachtig langlaufgebied, met zes kilometer aan loipe. Het terrein is heuvelachtig en onder de langlaufers een van de meest geliefde loipes in de omgeving.

Krummbachalm *#10*

De andere kant: het Schönachtal

Waar je van de Krummbachalm al een prachtig uitzicht hebt op het **Schönachtal** aan de overkant, leidt er vanuit het centrum van Gerlos ook een eenvoudige wandeling naartoe. Ook hier geldt dat je geen geoefende wandelaar hoeft te zijn om midden in de natuur terecht te komen. Het is een route die dezelfde heenweg als terugweg kent, waardoor je op elk moment kunt beslissen wanneer het genoeg is geweest. Doe dat niet voordat je de Stinkmoosalm hebt bereikt. Hier is het uitzicht op de gletsjer van de Schönachkees fenomenaal. De gletsjer ligt op drieduizend meter hoogte en is niet enorm groot, maar levert prachtige plaatjes op.

Voor de doorzetters

Wie het niet bij een lichte wandeling wil houden, kan op dit punt ook kiezen voor een langere en uitdagende tocht. Vanaf het uitzichtpunt kun je de Schönach volgen, een snelstromend bergriviertje dat uitmondt in de Gerlosbach. Daar is ook de Lackenalm, een berghut op ruim 1400 meter hoogte. Vanaf hier is het ongeveer anderhalf uur lopen naar de **Stackerlalm**, die op 1850 meter boven zeeniveau ligt. Blijf je de aangegeven wandelroute nummer 7 volgen, dan loop je via de Arbiskogel (2048 m) weer terug het dal van Gerlos in. Let wel op: de hele route is een dagtocht. Bereid je daarom goed voor met genoeg eten en drinken onderweg.

Het is altijd een goed idee om onder begeleiding van een gids te sneeuwschoenwandelen.

INFO

Sneeuwschoenwandelen: mogelijkheden om met een gids te sneeuwschoenwandelen zijn er bij verschillende skischolen in Gerlos. Onder meer Adventure-Snowsportschule Gerlos Total, nr. 176, 6281 Gerlos, tel. 52 84 54 29.

ETEN EN DRINKEN

Lackenalm: de Lackenalm is voor zowel wandelaars als langlaufers te bereiken, en biedt naast koffie, warme chocolademelk en schnapps en bier ook een Tiroler keuken. Open van eind december tot begin april, nr. 244, 6281 Gerlos, tel. 66 44 05 02 04.

Uitneembare kaart: E 2 | Plattegrond: ▶ blz. 76

HOCHKRIMML

Overnachten
1. Filzsteinalm

Eten en drinken
1. Duxerstadl

Sport en activiteiten
1. Skischule Krimml/Hochkrimml

Degelijke skilessen
Skischule Krimml/Hochkrimml 1
een lesdag voor kinderen € 85, vijf dagen € 209. Volwassenen zelfde prijs.
Hochkrimml 18, 5743 Krimml, tel. 65 64 82 60, www.skischulekrimml.com

Krimml J 5,

plattegrond ▶ blz. 76

Het lager gelegen Krimml ligt niet aan de piste, maar is bovenal de toegangspoort tot de hoogste watervallen van Europa (▶ blz. 78 en 79). Met de gratis skibus is de Zillertal Arena echter nooit ver weg, en vanwege de ligging zijn er veel wandel- en langlaufmogelijkheden.

Een potje Eisstockschießen
De traditionele versie van curling wordt onder meer in Oostenrijk gespeeld. Een soort petanque op ijs, leuk voor de hele familie. Elke vrijdag kunnen gasten op de curlingbaan van Krimml terecht, tel. 65 64 72 390, info@krimml.at.

Twee keer rodelen
Er zijn twee verschillende rodelbanen

Gerlos ▶ Krimml

in Krimml. De eerste vertrekt bij de Filzsteinalm, de tweede vind je midden in het dorp. Sleetjes zijn te huur bij Intersport Patterer (Oberkrimml 95, tel. 65 64 73 25) en Sport 2000 Lachmayer (Oberkrimml 93, tel. 65 64 72 47).

Gebruik van de skibussen
Omdat Krimml zelf op zo'n acht kilometer van het skigebied ligt, zijn skiërs zonder eigen auto aangewezen op de **skibus**. Die rijden gratis tussen Wald, Königsleiten, Krimml en Hochkrimml. Skiërs (en snowboarders) hebben voorrang als het gaat om het gebruiken van de bussen. Mocht er vanaf Wald nog voldoende capaciteit zijn, dan kunnen ook langlaufers en wandelaars kosteloos gebruikmaken van de bussen.
Dit gaat om het stuk naar de Gerlospas/Königsleiten. Let wel op: voetgangers en wandelaars worden eenmaal in het dal niet meer gratis vervoerd, en wil je als skiër/snowboarder vanuit het dal verder het Zillertal in, met bijvoorbeeld de Zillertalbahn, zorg dan altijd dat je een geldige skipas bij je hebt. Alleen dan kom je in aanmerking voor gratis openbaar vervoer

INFO

Tourismusverband Krimml: tel. 65 64 72 390, info@krimml.at, www.zillertalarena.com of www.krimml.at, ma.-vr. 8-12, 14-18, za. 8.30-10.30, 16.30-18 uur. Bij de VVV is een gastenkaart verkrijgbaar, waarmee je veel korting op activiteiten en skiverhuur krijgt.

Officieel horen Krimml, Hochkrimml en Wald niet bij de provincie Tirol, maar bij het Salzburgerland. Wel maken ze deel uit van de Zillertal Arena.

 # 11

Bevroren watervallen – Krimml

Officieel ligt het plaatsje Krimml niet in Tirol, maar in het Salzburger Land. Maar door de pisteverbinding tussen Gerlos, Königsleiten en Hochkrimml én de Gerlos Alpenstraße is het plaatsje, net als buurman Wald, onderdeel van de Zillertal Arena. En gelukkig maar, want hier vind je een van de natuurlijke hoogtepunten van heel Oostenrijk.

Het eerste nationale park van het land

Krimml is omgeven door Nationaal Park Hohe Tauern. Met 1836 km² is het park het **grootste nationale park** van Centraal-Europa. Het park is opgericht in 1981, was daarmee het eerste in zijn soort in Oostenrijk, en ligt verdeeld in drie provincies: Karinthië, Salzburg en Tirol. Blikvanger van het park is de **Großglockner**, met 3798 meter de hoogste berg van Oostenrijk. De voet van de berg ligt op ongeveer twee uur rijden van Gerlos, en markeert de grens tussen Tirol en Karinthië.

De Krimmler Ache

Een stuk dichterbij het Zillertal ligt een ander hoogtepunt. Letterlijk, want met een valhoogte van 380 meter zijn de Krimmler watervallen de hoogste van Centraal-Europa, en de op vijf na hoogste ter wereld. De oorsprong van de watervallen is een gletsjerbeek, de Krimmler Ache. De omringende vallei, het Krimmler Achental, vormt de grens tussen de Zillertaler Alpen en de Venedigergroep, het westelijkste deel van de Hohe Tauern en tevens het deel van het park dat het meest met gletsjers bedekt is. De gletsjerbeek stort zich vanaf 1460 meter hoogte in drie fases naar beneden. De hoeveelheid water die wordt afgeleverd, verschilt sterk. In de zomermaanden juni en juli is dat meer dan 20.000 m³/h, in de winter is dit ongeveer een kwart van die hoeveelheid.

OVERIGENS

Elke woensdagavond tussen eind december eind maart vindt er een romantische wandeltocht met fakkels plaats naar de watervallen. Het vertrek is vanaf het paviljoen in Krimml om 20.30 uur.

Krimml #11

Bevroren in de winter

Ook sterk variabel is de drukte per seizoen. Waar de **Krimmler watervallen** in de zomer een absolute hotspot zijn onder bezoekers – er zijn zelfs vier verschillende parkeerplaatsen om de 400.000 bezoekers per jaar in goede banen te kunnen leiden – is het in de winter een stuk rustiger. En dat terwijl de schoonheid er niet minder om is. In koude winters zijn de watervallen grotendeels bevroren, wat een indrukwekkend schouwspel oplevert.

Nationaal museum

Wie nog meer te weten wil komen over de watervallen en de rest van Nationaal Park Hohe Tauern, kan terecht in Mittersill, aan het eind van de Gerlosstraße. Daar ligt het **Nationalpark Welten**, een nationaal museum dat sinds 2006 is geopend. Het is dagelijks te bezoeken van 9.00-18.00 uur.

INFO EN OPENINGSTIJDEN

Museum Mittersill: dagelijks geopend van 9-18 uur, toegang € 8,50, Gerlosstraße 18, 5730 Mittersill, tel. 65 62 40 939.

ROUTE

De watervallen liggen ongeveer 1,5 km buiten Krimml. Er zijn meerdere parkeerplaatsen, waarvan P4 het dichtst bij de watervallen ligt.

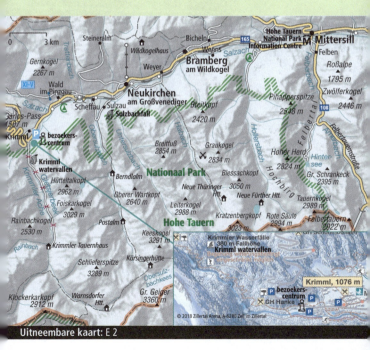

Uitneembare kaart: E 2

Mayrhofen

Diep in het Zillertal ligt Mayrhofen. Een veelzijdige winterbestemming, geroemd om een uitdagend skigebied en berucht om een nachtleven waar menig feestganger op afkomt. Mayrhofen is de laatste stop van de Zillertalbahn, het rode treintje dat door het hele dal rijdt. Vanaf hier begint ook een aantal zijdalen, waarvan de bekendste, het Tuxertal, uitmondt bij de Hintertuxer Gletscher. Het zorgt ervoor dat Mayrhofen een van de populairste dorpen in het Zillertal is.

Mayrhofen 📍 J 6

plattegrond ▶ blz. 88

Omgeven door bergen die steil de hemel in rijzen, ligt Mayrhofen diep in een prachtig uithoekje van het Zillertal.

Beroemde wintersportbestemming

Iedereen kent deze wintersportbestemming in Tirol. En terecht, want is het niet om de après-ski of het kenmerkende rode treintje van de **Zillertalbahn**, dan wel om het uitstekende aanbod op de piste. Vanuit het dorp, dat op 600 meter boven zeeniveau ligt, kun je twee kanten op. Pak je de **Penkenbahn** omhoog, de gelijknamige berg Penken op, dan sta je in één klap op bijna 1800 meter. De hoogste lift in het skigebied voert tot 2500 meter. Dat betekent sneeuwgarantie gedurende het hele winterseizoen en pistes van goede kwaliteit, al is het maar omdat elke afdaling in het gebied is uitgerust met sneeuwkanonnen. Mocht de winter dus zacht uitvallen, is er nog steeds niks aan de hand. De tweede optie is om de **Ahornbahn** te pakken. De Ahorn is de huisberg van Mayrhofen en een stuk rustiger en kleinschaliger (▶ blz. 90 en 91).

Een gezellige hoofdstraat

In de Hauptstraße, die dwars door het centrum van Mayrhofen loopt, is altijd wel wat te doen. In de ochtend en namiddag is het er een drukte van jewelste omdat het dalstation van de Penkenbahn hier gevestigd is. Daarbij hebben ook alle vier de skischolen in het dorp hier een vestiging zitten. Een wandeling door het centrum is dan ook genoeg om jezelf een aantal opties te geven voor het boeken van skiles en het huren van materiaal. Ook ontbreekt het niet aan restaurants, handige winkels zoals een apotheek, supermarkt of bakker en een handvol boetieks, kledingwinkels en delicatessenzaken. Het geeft het centrum een stuk meer aanzien dan de omliggende dorpen.

Wereldberoemd festival

Sinds twintig jaar is Mayrhofen het decor van een van de bekendste winterfestivals van de Alpen: **Snowbombing**. Een week lang in april staat het hele dorp in het teken van muziek, feest en plezier. Wereldberoemde artiesten als Craig David, Liam Gallagher, The Prodigy en Kasabian hebben hier al eens opgetreden. Die concerten zijn buiten op straat, in het bos, in clubs of bovenop de berg in een van de vele berghutten. Rondom de muziek worden er de hele week nog talloze andere evenementen georganiseerd, van yoga-sessies op de piste tot feesten in het zwembad. Die week is Mayrhofen niet bepaald de bestemming voor rustzoekers. Kijk voor meer informatie, ticketprijzen en de line-up van komend jaar op www.snowbombing.com.

Oude ambachten

Ook in de hoofdstraat aanwezig: de **Erlebnis Sennerei Zillertal** 1, een klein museum over de geschiedenis en herkomst van de lokale zuivelindustrie: van boeren die elke zomer in hun almhut

Mayrhofen is het eindstation van de Zillertalbahn. Vanaf hier doe je er met de trein een klein uurtje over naar Jenbach, aan het begin van het dal.

Mayrhofen ▶ Mayrhofen

op hun grazende koeien passen, tot de producten die er uiteindelijk van de berg komen, zoals kaas en melk. Het proces is van dichtbij te bekijken en te proeven, ook worden er geregeld evenementen georganiseerd met livemuziek en is er een aangrenzend restaurant (Sennereiküche).
Hauptstraße 446, 6290 Mayrhofen, tel. 52 85 64 926, www.sennerei-zillertal.at, dag. 9-17 uur

ETEN, DRINKEN, SLAPEN

Overnachten

Stijlvol en modern
Huber's Boutiquehotel
Aan de rand van het centrum ligt dit mooie en comfortabele hotel. Inclusief goed restaurant en dito spa.
Dornaustraße 612, 6290 Mayrhofen, tel. 52 85 62 569, www.hbhotel.at, vanaf € 105 per persoon, inclusief ontbijt en diner

Eten en drinken

Hip in de hoofdstraat
Goldkind ❶
Van kleine hapjes tot volledige maaltijden, allemaal even smakelijk geserveerd. Hier kun je terecht voor ontbijt, koffie, belegde broodjes, zoetigheid en cocktails. Van alles wat dus.
Hauptstraße 449, 6290 Mayrhofen, tel. 66 44 52 90 90, www.dasgoldkind.at, di.-vr. 10-22, za., zo. 9-22 uur

De beste Italiaan
Pane e Vino da Michele ❷
Een beter Italiaans restaurant is er in Mayrhofen niet te vinden. Midden in het centrum. Ook met uitgebreide wijnkaart.
Hauptstraße 456, 6290 Mayrhofen, tel. 52 85 63 418, www.pane-e-vino.net, dag. 10-1 uur

Uitgaan

In de kou
Icebar
Fluister zachtjes 'Icebar' in het oor van menig Nederlander en je zult zien dat er een gelukzalige glimlach op het desbetreffende gezicht verschijnt. Want de **Icebar** , die is niet te missen in Mayrhofen. Midden in de Hauptstraße is het eind van de middag voor veel skiërs en snowboarders vaak letterlijk de eerste stop na het uitstappen uit de Penkenbahn. In de Icebar dansen de dirndl's op tafel en glijdt de schnaps soepel de bar over. Het bier wordt geschonken in beugels, de knallende feestmuziek – zowel in het Nederlands als in het Duits – luidkeels meegezongen.

Voor de kleine uurtjes
Het zijn deze taferelen die later op de avond voortgezet worden in kroegen als de **SpeakEasy**, en de **Schlüssel Alm**, om over de **Brück'n Stadl** nog maar te zwijgen, die Mayrhofen het imago bezorgen van een erkende feestbestemming. En daar is niks aan gelogen.

Winkelen

Wie nog Lederhosen zoekt
Stefan Kröll
Hoogwaardige traditionele kleding, dus dirndl's, lederhosen en andere Oostenrijkse klederdracht. Let op: geen feestwinkel.
Hauptstraße 453, 6290 Mayrhofen, tel. 52 85 64 713, ma.-vr. 9-12.15, 14-18, za. 9-12.30 uur

Allerhande lekkers
Delikatesserie & Dekogenuss
Dit winkeltje in de hoofdstraat van Mayrhofen verkoopt allerlei verschillende lekkernijen, van chocolade en marmelade tot potjes pesto.
Hauptstraße 458, 6290 Mayrhofen, tel. 66 49 17 78 56, info@delikatesserie.at, www.delikatesserie.at, di.-vr. 9-12.30, 14.30-18, za. 9-12.30 uur

Sport en activiteiten

Omhoog naar de Penken
Penkenhahn ❶
De gloednieuwe Penkenbahn is snel genoeg om wachttrijen te voorkomen,

12

Wie graag zijn leven waagt op de piste – Harakiri

De naam verraadt al weinig goeds. Harakiri, zelfmoord in het Japans, boezemt automatisch angst in. Wie dit op een bordje ziet staan, helemaal in combinatie met de waarschuwingen 'achtung' en 'attention', en een ijzingwekkende hellingsgraad van 78%, kan op twee manieren reageren. Verstandig, om vervolgens te besluiten om te keren. Of vol hoogmoed. Kom maar op met de steilste geprepareerde piste van heel Oostenrijk.

Uitzonderlijk steil

Want dat is de Harakiri. Een pikzwarte piste in het skigebied Penken ❷. Die **hellingsgraad van 78%** is uitzonderlijk. Het is zo steil dat als er geen dikke laag verse sneeuw op ligt, de kans levensgroot is dat je jezelf na een val pas helemaal onderaan de afdaling terugvindt. Het is ook zo steil dat de pistenbully, die elke nacht de pistes prepareert, alleen aan vastgegespt aan een grote lier de helling op kan. Zou de pistenbully niet op die manier gezekerd zijn, dan zou de machine al na een paar meter zijn grip verliezen en de diepte instorten.

Alleen voor echte waaghalzen

Dat de condities van de piste vaak erg ijzig zijn, zal ook weinig vertrouwen geven. De Harakiri is alleen voor echte waaghalzen. Beginnende skiërs of snowboarders hebben niets te zoeken in dit deel van het skigebied. En zelfs geoefende skiërs hebben naast hun techniek en conditie nog een extra element nodig: durf. Zorg er daarnaast ook voor dat je materiaal in orde is: de ski's goed gewaxt en de kanten goed geslepen. Om een idee te geven van de risico's die je loopt als je hier naar beneden gaat: elk skiseizoen worden er tussen de vijftig en zeventig helikoptervluchten uitgevoerd om brokkenpiloten van de Harakiri op te vissen

OVERIGENS

Wie verstandig genoeg is om de Harakiri aan zich voorbij te laten gaan, kan er nog steeds van genieten. Vanuit de Knorren, een zespersoons stoeltjeslift, heb je perfect uitzicht op de gebeurtenissen op de piste. De lift volgt vrijwel de gehele afdaling. Spektakel gegarandeerd.

Eerst even oefenen

Een goede tip is daarom om eerst op te warmen. Dat kan op een aantal andere prachtige, **zwarte afdalingen**. De eerste is de **Schneekar** ❸, een lange zwarte afdaling met aan de top de Schneekarhütte. Hier kun je terecht voor een kop koffie of een biertje, maar ook voor een uitgebreide maaltijd en een overnachting. Wie de Schneekarafdaling onder de knie heeft, kan een niveau opschalen en zich klaarmaken voor de **Devil's Run** ❹. Ook dit is een zwarte piste en deze wordt gezien als de onofficiële 'Harakiri-test'. Gaat de Devil's Run goed, dan ben je klaar voor het echte werk

---

INFO EN OPENINGSTIJDEN

De Penkenbahn ❶: € 53,50 voor een hele dag. Meer info: www.mayrhofner-bergbahnen.com, tel. 52 85 62 277.

ETEN EN DRINKEN

De **Schneekarhütte** ❶: rezeption@schneekarhuette.at, www.scnheekarhuette.at

Uitneembare kaart: C 3

Mayrhofen ▶ Mayrhofen

of tot een minimum te beperken. Het dalstation ligt aan de Hauptstraße en is tussen begin december en eind april dagelijks geopend van 8-17 uur (vroeg in het seizoen vanaf 8.30 uur).
www.mayrhofner-bergbahnen.com

Omhoog naar de Ahorn
Ahornbahn ❷
De Ahornbahn (Ahornstraße 853) is een stuk rustiger en is geopend van 8-17 uur (vroeg in het seizoen vanaf 8.30 uur). Let wel op: deze gondel gaat pas vanaf half december.
www.mayrhofner-bergbahnen.com

SKISCHOLEN

Vriendelijk
Skischule Habeler ❸
Persoonlijke en vriendelijke benadering, geeft les in elf verschillende talen waaronder Nederlands. De leraren van Skischule Habeler zijn te herkennen aan hun blauwe skipakken. Voor zowel kinderen als volwassenen. Prijzen: kinderen groepslessen een dag € 76, drie dagen € 168, vijf dagen € 188. Privéles ook mogelijk. Tarieven: € 132 voor twee uur per dag, € 224 voor vier uur. Extra deelnemers betalen € 18/€ 20 per les. Tijden: van 9-11 en van 13-15 uur. Groepsles voor kinderen vanaf 5 jaar. Indien jonger is privéles wel mogelijk. Prijzen voor volwassenen zijn hetzelfde. Snowboardlessen volwassenen: een dag € 57, drie dagen € 122.
Hauptstraße 458, 6290 Mayrhofen, tel. 52 85 62 829, habeler@skimayrhofen.com, www.skimayrhofen.com

Grote teddybeer
Skischule Mayrhofen 3000 ❹
Wie een grote teddybeer op ski's voorbij ziet komen met de naam Bruno op zijn muts, weet dat hij bij skischool Mayrhofen 3000 terecht is gekomen. Mayrhofen 3000 is de eerste skischool in het Zillertal met het kwaliteitskeurmerk van de Tiroolse skilerarenbond en geeft les in negen talen. Ook in het Nederlands. Prijzen: kinderen € 56 per dag voor twee uur les, € 79 voor vier uur. Drie dagen € 138 / € 166, vijf dagen € 157 / € 181. Lunchopvang kost € 13 extra per dag. Lestijden zijn van 10-12 en van 13-15 uur. Zoals gebruikelijk eindigt een lesweek voor kinderen ook hier met een race en medaille. Prijzen voor volwassenen hetzelfde, naast mogelijkheden voor privéles (vanaf € 199, vier uur les voor een of twee personen) biedt Mayrhofen 3000 zelfs een VIP-privé pakket aan. Voor € 269 (twee personen) of € 289 (drie personen) haalt een skileraar je bij je accommodatie op in een Porsche Cayenne, om je vervolgens naar het dalstation van de gondel te brengen. Zo word je ook weer thuisgebracht na je les.
Hauptstraße 455, 6290 Mayrhofen, tel. 52 85 64 015, skischule@mayrhofen3000.at, www.mayrhofen3000.at

Leuk met kinderen
Pro Austria Mayrhofen ❺
Zowel ski- en snowboardschool als verhuurpunt. Prijs voor skihuur vanaf € 23 per dag of € 69 per week. Skiles voor kinderen is inclusief steun van mascottes Mickey Mouse en Minnie Mouse (in levensgroot pak). Prijzen: een dag € 59 voor 2 uur, € 79 voor vier uur. Drie dagen € 159/€ 179, vijf dagen € 179/€ 199. Bij het boeken van zes lesdagen betaal je

OVERIGENS

Voor de freestylers: een van de meest uitdagende freestyleparken van heel Oostenrijk is te vinden in Mayrhofen, in het Horbergtal. Er zijn acht verschillende gebieden waar je je kunt uitleven op de mooiste en hoogste sprongen, en de crew van het funpark zorgt ervoor dat alles elke dag in perfecte staat is. Spring je zelf liever niet, geen zorgen. De Grillhofalm biedt een groot terras met perfect zicht op het park. Buiten wordt muziek gedraaid en zijn er grote kussens om op te liggen.

Mayrhofen ▶ Mayrhofen

De vernieuwde Penkenbahn brengt je vanuit het centrum van Mayrhofen zo het skigebied in. Wachtrijen zijn verleden tijd.

dezelfde prijs als bij vijf. Lunch is € 12 per dag extra. Kinderen van 2 tot 4 jaar: eem dag € 65/€ 85, drie dagen € 159/199, vijf dagen € 209/€ 249. Volwassenen betalen € 57 voor twee uur les, € 76 voor vier uur. Tijden: 9.30-11.30 en 13.30-15.30 uur.

Hauptstraße 454, tel. 52 85 64 40 011, of Tuxerstraße 714 (zelfde tel.), ma.-zo. 8-18 uur. www.skiproaustria.at

Vlak bij de Penkenbahn
Skischule SMT Mayrhofen ❻

De vierde skischool van Mayrhofen houdt net als de andere drie kantoor in de Hauptstraße, op iets meer dan honderd meter van de Penkenbahn, de gondel de gelijknamige berg op. Openingstijden: ma.-vr. 8-12 en 15.30-18, za., zo. 8-12 en 13-18 uur. Verhuur van materiaal is ook mogelijk bij de skischool. Prijzen kinderen: een dag € 76, drie dagen € 165, vijf dagen € 182. Lunch € 14 per dag. Lessen duren vier uur, van 10-12 en 13.15-15.15 uur. Groepslessen volwassenen zelfde prijzen, privéles vanaf € 125 voor twee personen (twee uur) of € 202 (vier uur).

Hauptstraße 456, 6290 Mayrhofen, tel. 52 85 63 939, info@mayrhofen-total.com, www.mayrhofen-total.com

INFO

Tourismusverband Mayrhofen: Dursterstraße 225, 6290 Mayrhofen, tel. 52 85 67 60, info@mayrhofen.at, www.mayrhofen.at, ma.-za. 8-18, zo. 8-12 uur.

IN DE OMGEVING

Weg van de drukte

Een stuk hoger dan Mayrhofen ligt **Brandberg**. Dit kleine dorpje, met zo'n 350 inwoners, ligt 1080 meter boven zeeniveau. Je komt er door vanuit Mayrhofen slingerend de berg op te gaan. Vanuit het dal is het ook mogelijk een stuk door het dorp af te snijden door de Brandbergtunnel te pakken, en aan het eind daarvan de klim aan te vangen. In Brandberg vind je een handvol accom-

MAYRHOFEN

Bezienswaardig
1. Erlebnis Sennerei

Overnachten
1. Huber's Boutiquehotel

Eten en drinken
1. Goldkind
2. Pane e Vino da Michele

Winkelen
1. Stefan Kröll
2. Dekogenuss

Uitgaan
1. Icebar
2. SpeakEasy
3. Schlüssel Alm
4. Brück'n Stadl

Sport en activiteiten
1. Penkenbahn
2. Ahornbahn
3. Skischule Habeler
4. Skischule Mayrhofen
5. Pro Austria
6. Skischule SMT Mayrhofen

modaties. Verder is er weinig. Precies goed voor diegenen die van wandelen houden en rust zoeken.

De Zillergrund ...
Dat geldt ook voor de Zillergrund, dat een stuk lager dan Brandberg ligt. Deze natuurlijke vallei, aan weerszijden van de Ziller, is een oase van rust. Zeker in de winter, als het weinige geluid dat er is ook nog eens wordt gedempt door een dik pak sneeuw.

Er loopt hier een langlaufloipe van bijna twee kilometer, met een hoogteverschil van 39 meter. Vertrekpunt van de loipe is de **Häusling Alm** (Zillergrund 53a, 6290 Mayrhofen, tel. 664 34 36 569, www.haeusling-alm.at). Hier is ook de Winterzauber Zillergrund te vinden, met ijssculpturen en sneeuwkristallen. Niet te missen is Maria Schnee, de kerk die ernaast ligt. Het is mogelijk om de Zillergrund wandelend te bereiken, maar trek daar wel genoeg tijd voor uit. Wie liever gereden wordt: taxi Kröll rijdt je er voor € 20 (vanaf vijf personen voor € 5

Mayrhofen ▶ Hippach

per persoon) naar toe en komt je voor hetzelfde bedrag ook weer ophalen, tel. 52 85 62 260.

... en de Zemmrgrund
Er leiden meerdere wegen naar het einde van de wereld, en naast een ervan stroomt de **Zemmbach**. Dit kleine beekje, dat uitmondt in de Ziller, is omgeven door spitse bergtoppen, zo hoog dat het water en het dal een groot deel van de tijd in de schaduw liggen. Eromheen ligt de Zemmgrund, een klein zijdal van het Zillertal. Wie de weg door het dal blijft volgen, botst op een gegeven moment tegen een bergkam aan die Oostenrijk van Italië scheidt. Hier kun je niet verder, en een van de laatste plaatsen van betekenis voor het einde is **Ginzling**. Vierhonderd inwoners verspreiden zich hier over een verzameling huizen en boerderijen langs de beek. De omringende bergen die voor oneindig plezier zorgen, mits je de kabelbanen en stoeltjesliften niet nodig hebt, binnen handbereik. De Zemmgrund is er om te wandelen, om op tourski's de bergen in te trekken of om te freeriden of ijsklimmen.

Naturparkhaus Ginzling
Ginzling ligt aan de voet van het Hochgebirgs Naturpark Zillertaler Alpen. Dit beschermde natuurgebied is in 2015 uitgeroepen tot 'Naturpark des Jahres' van Oostenrijk. Hoewel de nadruk erg op de zomer ligt, als het gaat om toegankelijkheid en activiteiten, biedt het ook in de winter mogelijkheden voor prachtige wandel- of skitourtochten. In Ginzling is in ieder geval het **Naturparkhaus** te vinden, waar exposities over het park en de Zillertaler Alpen worden gehouden. Openingstijden zijn op aanvraag, schroom dus bij interesse niet om contact op te nemen.
Nr. 239, 6295 Ginzling, tel. 52 86 52 181, info@naturpark-zillertal.at, www.naturpark-zillertal.at

🏠 Berghut met mogelijkheden
Diggl – Climbers & Freeride Farm
Aan de rand van Ginzling de perfecte

OVERIGENS

Tijdens de adventtijd, ook in Mayrhofen een belangrijke periode, is er een grote en gezellige wintermarkt aan de rand van het dorp, op zo'n driehonderd meter van het centrum. Er staan kraampjes met handgemaakte snuisterijen en er worden kerstliederen gezongen. De markt wordt gehouden op de Waldfestplatz.

uitvalsbasis voor wandeltochten of **skitoers**. Een gids boeken is bij de accommodatie mogelijk, voor verschillende activiteiten.
Dornauberg 48, 6295 Ginzling, tel. 650 81 19 976, www.diggl.at, vanaf € 30

Hippach 📍 L 5

Net voor Mayrhofen en net voorbij Zell am Ziller ligt Hippach, in het hart van het Zillertal, op 608 meter hoogte. Vanaf hier gaat er een gondel naar Gerlosstein, die bij de Zillertal Arena hoort. Iets zuidelijker, in Horberg, neemt de Horbergbahn je het skigebied Zillertal 3000 in. Hippach is een dorp met bijna 1400 inwoners en heeft een sfeervol karakter. Alle voorzieningen zijn in het dorp aanwezig.

Twee watervallen
Ten noorden van Hippach liggen twee watervallen. De eerste is de Laimacher waterval, die zo'n dertig meter hoog is. Via een wandeling door het bos is de waterval te bereiken. Het pad richting de waterval loopt langs de Gschirrbach, een zijriviertje van de Ziller. Iets noordelijker ligt de Talbacher waterval. Een makkelijke wandeling vanuit het centrum van Hippach voert in ongeveer twee uur naar de waterval en weer terug. Vanuit Hippach loop

89

Berg vol rust en ruimte – Ahorn

Waar de Penken bekendstaat als berg van de actie, ligt aan de andere kant van Mayrhofen een berg die precies het tegenovergestelde biedt. De Ahorn kent een klein en compact skigebied, waardoor de rust overheerst en er ruimte is voor andere activiteiten dan alleen skiën.

Overzichtelijk skigebied ...

Het skigebied op de Ahorn is niet groot. In totaal is hier slechts een kilometer of twintig aan geprepareerde pistes. Dat biedt echter ook voordelen. De drukte is hier ver te zoeken. Skiërs die kilometers willen maken, kiezen wel voor de Penken of de **Hintertuxer Gletscher**. Wat overblijft: naast de Ahornbahn, de gondellift vanuit het dal omhoog, zijn hier nog vijf skiliften: drie sleepliften en twee stoeltjesliften. De pistes zijn voornamelijk blauw en rood, dus goed te doen voor beginners en families met jonge kinderen. Alleen de afdaling terug naar het dal is zwart. Laat je daardoor echter niet tegenhouden. Bij goede sneeuwcondities is deze 5,5 kilometer lange piste, die vrijwel volledig omgeven is door bomen en waar je halverwege met de Wiesenhof nog een leuke berghut vindt, prima te doen. Ook voor de minder gevorderde wintersporters.

... gezellige berghutten ...

Alpengasthaus Wiesenhof (1056m) is slechts een van de berghutten op de Ahorn. Het bergrestaurant, waar je ook kunt overnachten, kijkt mooi uit op de vallei waar Mayrhofen in ligt. Een kleine negenhonderd meter hoger, grenzend aan het bergstation van de Ahornbahn, ligt **Bergrestaurant Panorama**. De naam van het restaurant geeft het al weg: het uitzicht op het terras is hier fenomenaal. Verder zijn er nog de Ahornhütte (1.965m), uitstekend geschikt voor een uitgebreide lunch, en de Filzenstadl (1975m), voor een hapje en een drankje.

Van half januari tot half maart is er elke dinsdagavond Dinner on Mount Ahorn. Om 18.30 uur brengt de gondel je omhoog, waar je in de Kunstraum, een restaurant in het bergstation, een driegangenmenu krijgt. Om 21.30 uur stap je weer in de gondel naar het dal. Prijs per persoon (zonder drank): € 49.

Ahorn #13

Eten, drinken of zelfs slapen in een iglo, dat kan in de White Lounge.

... en genoeg te doen buiten de piste

Maar ook buiten de geprepareerde pistes is er genoeg te doen op de Ahorn. Er is een winterwandelroute, die prachtig uitzicht biedt over de Zillertaler Alpen en het Stilluptal, een van de zijdalen van het Zillertal. Wandelaars pakken de gondel vanuit het dal omhoog en lopen vanaf het bergstation naar de achtpersoonsstoeltjeslift, die ook toegankelijk is met een wandelticket voor het skigebied. Zo loop je in ongeveer een uur een rondje over de berg.

Slapen in een iglo

En dan is er nog de **White Lounge**, ook wel bekend als het Iglo Hotel van Mayrhofen. Boven op de berg staat een klein dorp van iglo's, op ongeveer tweeduizend meter hoogte. In zeven ervan kun je slapen, er is een Ice bar en een outdoor bar. Ook is er een **Chill Out Igloo**, waar binnen muurtekeningen ingegraveerd zijn en waar je even helemaal tot rust kan komen. In totaal is er per nacht ruimte voor 28 gasten, verdeeld over tweepersoonsiglo's en iglo's voor vier personen. Slaapzakken en avondeten zijn inbegrepen als je hier een overnachting boekt.

INFO EN TIJDEN

De Ahornbahn ❷:
open van 15 dec.-22 apr., afhankelijk van (weers-)omstandigheden. De gondels gaan dagelijks van 8.00 -17.00 uur (tot 24 dec. vanaf. 8.30 uur). Prijzen: € 53,50 volw. voor een dag. Wandelticket heen en terug: € 20,90 voor volw. Meer informatie: info@mayrhofner-berbahnen.com of tel. 52 85 62 277, liftkassa's zijn dagelijks open van 8-17 uur.

ETEN EN DRINKEN

De **Ahornhütte** ligt naast het bergstation van de Ahornlift. Filzenboden 920, 6290 Mayrhofen, www.ahornhuette-mayrhofen.at, tel. 52 85 64 848.

Uitneembare kaart: C 3 | **Plattegrond:** ▶ blz. 88

Mayrhofen ▶ Mayrhofen

je het bos in, een stuk omhoog, waar je uiteindelijk een mooi uitzicht over het dal hebt. Na de waterval voert de route via de Ziller weer terug naar het zuiden, om uiteindelijk weer in Hippach uit te komen.

🏠 Modern traditioneel
Hotel Almhof Roswitha
Het hotel is traditioneel en Oostenrijks, de appartementen zeer strak, modern en licht. Allebei comfortabel en met prachtig uitzicht op 1400 meter hoogte.
Hochschwendberg 532, 6283 Hippach, tel. 52 82 37 62, www.almhof-roswitha.at, vanaf € 97

🏠 De ziel van de bergen
Mountain and Soul
Lifestylehotel tegen de bergflank, met oog voor detail en een spa en sauna met fenomenaal uitzicht. Over Hippach en de rest van het Zillertal.
Ramsau 425, 6284 Ramsau in Zillertal, tel. 52 82 22 048, www.mountainandsoul.at, va. € 51

🍴 In het skigebied
Schiestl's Sunnalm
Als de zon schijnt, dan doet-ie dat in ieder geval op deze berghut. Dat betekent buiten een terras, binnen een keuken met Tiroolse specialiteiten of een snelle hap.
Horberg, 6283 Hochschwendberg, tel. 52 82 41 82, www.shiestls-sunnalm.at

🍴 Al jaren populair
Restaurant Sieghard
Hoog aangeschreven restaurant (tevens hotel), met af en toe leuke acties. Zoals 'dj and dinner' elke vrijdag en elke zondag een zondagsmenu.

Ook in Hippach zijn er verschillende skischolen en lesmogelijkheden.

Mayrhofen ▶ Hippach

Johann-Sponring-Straße 83, 6283 Schwendau, tel. 52 82 33 09, www.sieghard.at, hoofdgerecht vanaf € 21,50

🅰 Tirol in een modern jasje
Tiroler Adlerin
Geïnspireerd op de traditionele klederdracht in Tirol, maar vertaald naar de huidige tijd. Ook atelier aanwezig, met tekeningen en schilderkunst.
Talstraße 80, 6284 Ramsau im Zillertal, www.tiroler-adlerin.at, di.-vr. 9-12, 15-18, za. 9-12 uur

🅰 Zo wordt schnaps gemaakt
Stiegenhaushof
Niet alleen allerlei verschillende soorten schnaps te koop, hier wordt ook getoond hoe het proces in z'n werking gaat. Daarnaast is er genoeg ruimte voor proeverijen of groepsevenementen.
Dorf 164a, 6283 Schwendau, tel. 66 41 98 31 50, www.stiegenhaushof.at, di.-za. 10-12, 15-18 uur

In Hippach wordt er niet zo uitgebreid aan après-ski gedaan als in Mayrhofen, toch zijn er een paar plekken waar het na het skiën erg gezellig kan worden.

✴ Onderaan de Horbergbahn
Yeti Bar
Direct uit de gondel loop je hier naar binnen. Een welverdiend biertje met je skischoenen nog aan.
Kohlstatt 264a, 6283 Schwendau, tel. 52 85 63 455

✴ Onderaan de Horbergbahn
Hiata Madl
Als de Yeti Bar vol is, of juist tegenvalt, dan ga je gewoon naar de overkant van de straat.
Kohlstatt 260, 6283 Schwendau, www.hiata-madl.at

....
SKISCHOLEN
....

Sinds 1974
Ski- und snowboardschule Josef Fankhauser
Sinds 1974 aanwezig in Hippach. Biedt skilessen aan zowel volwassenen als kinderen (vanaf 4 jaar). De allerkleinsten krijgen hulp van Bobo de pinguïn, om het skiën speelser te maken.
een dag les (vier uur) € 69, drie dagen € 149, vijf dagen € 179. Meelunchen € 12 extra. Een dag proberen kan voor € 50. Prijzen voor volwassenen hetzelfde. Privéles vanaf € 55 per uur.
Augasse 6, 6283 Hippach, tel. 52 82 33 86, info@skischule-fankhauser.at, www.skischule-fankhauser.at

Met allerhande voordelen
Skischule Horberg
Boek je online bij skischool Horberg, dan krijg je 5% korting (op lessen vanaf drie dagen). Ook op materiaalverhuur geldt een online korting, van 15%. Daarnaast mogen alle klanten van Horberg gratis gebruik maken van het skidepot bij het dalstation van de Horbergbahn. Les wordt er ook nog gegeven: een dag les (vier uur) € 65, drie dagen € 145, vijf dagen € 175. Kinderen lunchen voor € 12 per dag mee. Voor de allerkleinsten (2-4 jaar) is er een aparte les vanaf € 56 (twee uur). Ook privéles en freeride/off-piste mogelijk.
Ramsau 437, 6284 Ramsau in Zillertal, tel. 52 82 43 15, info@sport-schiestl.at, www.sport-schiestl.at

Zeer exclusief
edelWhite
Skischool voor enkel privéles. Dat betekent dat er een ervaren leraar volledig tot je dienst staat. Prijzen: € 182 voor 2,5 uur, € 260 voor vier uur. Familiepakket is ook mogelijk, twee volwassenen en twee kinderen tot 10 jaar € 280. Ook freeriding en skitouring mogelijk.
Neu-Burgstall 321, 6290 Mayrhofen, tel. 664 21 60 611, info@skischule-edelwhite.at, www.skischule-edelwhite.at

ℹ Info
Tourismusverband Mayrhofen-Hippach: Talstraße 78, 6284 Ramsau im Zillertal, tel. 52 85 67 60, www.mayrhofen.at, ma.-vr. 8-18, za. 14-18 uur.

Hintertux

Als je bijna het volledige Zillertal al achter je hebt liggen, blijft er nog één zijdal over waar de wintersportliefhebber zijn hart kan ophalen: het Tuxertal. Het smalle dal, iets minder dan vijftien kilometer lang, loopt vanaf Mayrhofen flink omhoog, tot je aan het eind van de doodlopende weg tegen een muur van steen en ijs op knalt. Hier ligt de Hintertuxer Gletscher: dé reden waarom je het hele jaar door kunt skiën in het Zillertal, ook in de zomermaanden.

Finkenberg 📍 M 4

plattegrond blz. 100

Als je het hele Zillertal gehad hebt, ligt er aan het eind nog één zijdal te wachten: het Tuxertal. Aan de poort ervan ligt Finkenberg (840 meter boven zeeniveau). Na Mayrhofen de grootste gemeente van het Zillertal, en samen met buurgemeente Tux valt het onder het Hochgebirgs Naturpark Zillertaler Alpen. In Finkenberg wonen ongeveer 1500 mensen.

Over de duivelsbrug
Het noordelijke deel van Finkenberg, waar de gondellift Finkenberger Almbahn vertrekt naar het skigebied Zillertal 3000, is Persal. Ten zuiden van de Tuxbach ligt Dornau. Wie van de ene naar de andere kant wil, moet niet bijgelovig zijn, want dan wordt de **Teufelsbrücke** [1], de duivelsbrug, een spannende wandeling. De houten brug met overkapping werd in 1876 aangelegd, over een bijna vijftig meter diepe kloof die is uitgesleten door de Tuxbach. Wie vanaf de brug naar beneden kijkt, ziet de geologische geschiedenis aan zich voorbijtrekken. Je hoeft je alleen maar te richten op de wanden van de kloof. Waarom de brug de duivelsbrug heet? De mythe gaat dat de boeren in het Tuxertal een brug wilden bouwen over de Tuxbach. Ze wisten niet hoe, en ten einde raad vroegen ze zelfs de duivel om hulp. Die bouwde de brug graag, in ruil voor één offer: het eerste levende wezen dat de brug zou passeren, moest zijn ziel geven aan de duivel. De boeren gingen akkoord, de brug kwam er, en toen de duivel aan de overkant op zijn beloning wachtte, kwamen de boeren met een truc. Ze stuurden een geit de brug over en draaiden de duivel een loer. Die ging woedend weer rechtsomkeert naar de hel.

Gratis met de skibus
De Zillertalbahn (trein) eindigt in Mayrhofen en komt niet in het **Tuxertal**. Skiërs kunnen wel gebruikmaken van de gratis skibus. De hele dag door rijdt er een bus tussen Mayrhofen en Hintertux (lijn 4104), twee keer per uur. Wie vanaf Mayrhofen verder door het Zillertal wil reizen, kan wel de trein pakken. Met een Zillertaler Superskipass is de trein net als de skibus gratis.

Wat er in de bergen zit
Waar het aanzien van de bergen in de winter uit rotsen en sneeuw bestaat, ligt er daaronder een wereld van kristallen en mineralen verborgen. Dat is wat de familie Mitterer wil laten zien in hun privémuseum gewijd aan de schatten van het Zillertal. Het **Mineralien- und Bergkristalmuseum**, aan de noordkant van de Tuxbach, laat een ruime selectie kristallen, amethisten en andere fraaie stenen zien.

Persal 204, 6292 Finkenberg, tel. 52 85 63 691. Het museum is alleen open op telefonische afpraak

Een kapelletje in het skigebied boven Finkenberg.

ETEN, DRINKEN, SLAPEN

 Overnachten

Voor wie zichzelf verwent
Stock Resort ❶
Het beste hotel van Finkenberg en omgeving is flink aan de prijs, maar daar krijg je ook wat voor. Prachtige kamers en state of the art spa, fitness en wellness. Ook het restaurant is, weinig verrassend, uitstekend.
Dorf 142, 6292 Finkenberg, tel. 52 85 67 75, www.stock.at, vanaf € 212 pp

Alles voor het uitzicht
Ferienhotel Aussicht ❷
De locatie kan bijna niet mooier, op een bergtop omringd door naaldbomen, met in de wijde omtrek niets anders dan berglandschap. Dit hotel maakt zijn naam meer dan waar.
Dornau 306, 6292 Finkenberg, tel. 52 85 62 680, www.ferienhotel-aussicht.at, vanaf € 86

Uitgaan

Feest onderaan de gondel
Laterndl Pub
Aan de voet van de Finkenberger Almbahen duik je meteen de pub in voor een biertje of een borrel. Ook kleine maaltijden (pizza).
Persal 208, 6292 Finkenberg, tel. 52 85 63 772, www.laterndlpub.at, vanaf 15 uur

Livemuziek en pizza
Erlebnislokal Finkennest
Ingrediënten voor een winteravond: pizza & fingerfood, goede muziek en fijne mensen. Dat belooft het Finkennest in ieder geval.
Dorf 141, 6292 Finkenberg, tel. 52 82 62 03 914, www.finkennest.at

SKISCHOLEN

Voor kinderen
Skischule Finkenberg ❶

De rokkenjagers van het Zillertal, dat gaat natuurlijk om de band Schürzenjäger. Het is moeilijk voor te stellen als je de rust van Finkenberg inademt, maar de populairste band van Oostenrijk in de jaren negentig kwam hier vandaan. Hun hit Sierra Madre was zo'n succes in alle Duitstalige landen dat het in Duitsland zelfs werd uitgeroepen tot 'nummer van de eeuw'. Schürzenjäger speelde voor miljoenen mensen, verkocht makkelijk stadions uit. In de openlucht in Finkenberg gaven ze zelfs concerten voor meer dan honderdduizend toeschouwers. De band ging in 2007 uit elkaar, maar maakte een paar jaar later in andere samenstelling wel een doorstart.

Met Finki's Skischool voor kinderen zorgt Skischule Finkenberg ervoor dat je kinderen van 9.00-16.00 uur in goede handen zijn. Ze worden per groep met de gondel naar boven gebracht, krijgen twee lesblokken van twee uur en worden tijdens te lunch vermaakt met spelletjes en filmpjes. Kosten per dag: € 70, drie dagen € 150, vijf dagen € 175. Volwassenen betalen voor groepsles hetzelfde. Privéles is ook mogelijk, vanaf € 130 voor twee uur les. Skischule Finkenberg biedt ook materiaalhuur aan.
Persal 200, 6292 Finkenberg, tel. 664 38 34 205, www.skischule-finkenberg.at

Ook gidsen
Skipower Skischool ❷
Privéskischool, maar bieden ook gidsen aan. Die vergezellen je door het skigebied Zillertal 3000 en weten precies waar de beste pistes en berghutten zijn. Prijzen: vier uur privéles, met een of twee personen, € 230. Een gids voor op de piste: € 270 voor een hele dag.
Dorf 141, 6292 Finkenberg, tel. 664 15 09 290, info@skipower.at, www.skipower.at

14

Tot je niet meer verder kan – **Tuxertal**

Het Tuxertal is waarschijnlijk het meest bezochte zijdal van het Zillertal, en dat heeft maar één reden: de aanwezigheid van de Hintertuxer Gletscher. Op drukke dagen kan de parkeerplaats naar de gletsjer al snel vol staan, toch is de rest van het dal een oase van rust. Zeker als het verkeer van en naar het skigebied langzaam is opgelost en de stilte weer de overhand krijgt.

Ook in het Tuxertal draait het in de winter vooral om skiën. Vooral door de aanwezigheid van de Hintertuxer Gletscher komen hier veel wintersporters op af.

Het Tuxertal is niet groot. Dertien kilometer in lengte meet het van Mayrhofen tot aan Hintertux. Daartussen liggen **vijf plaatsjes**, die vanaf het begin van het dal steeds hoger boven zeeniveau liggen. Waar de eerste, Finkenberg, nog op 840 meter hoogte ligt, is dat aan het eind van het dal in Hintertux bijna verdubbeld. Daar sta je 1500 meter boven zeeniveau. Tussen begin en eind liggen verder **Vorderlanersbach**, **Lanersbach**, **Madseit**, **Juns** en **Tux**. Allemaal plaatsen met slechts een handvol inwoners. De overkoepelende gemeente waar alle kernen onder vallen, is Tux. Door het dal stroomt de Tuxbach, die via de Zemmbach uiteindelijk uitkomt in de Ziller.

Meerdere dorpen, één skigebied

In zowel in Finkenberg, Vorderlanersbach als Tux zijn gondelliften aanwezig die vanuit het dal omhooggaan. De eerste is de Finkenberger Almbahn, die richting **Penken** omhooggaat. Vanaf hier is het volledige gebied van Penken over de piste te bereiken, tot aan de Horbergbahn die ver voorbij Mayrhofen in Mühlbach uitkomt. Een stuk verderop gaat de Rastkogelbahn, die iets hoger op dezelfde berg uitkomt. En dan is er nog de Eggalmbahn, een wat ouder gondellift die uitkomt op de gelijknamige berg Eggalm. Dit skigebied is wat meer afgelegen en compacter, maar met een makkelijke, blauwe afdaling naar het dal is de Rastkogelbahn skiënd te bereiken. De drie dorpen zijn dus volledig met elkaar aangesloten.

Boven op de Eggalm

De Eggalm is een rustige uithoek van het skigebied Zillertal 3000. Naast de Eggalmbahn zijn er nog twee stoeltjesliften en een sleeplift. Toch zorgt dat voor een handvol rode en blauwe afdalingen, waarop het met goede sneeuwcondities prima skiën is. Daarbij vind je hier nog een aantal fijne **berghutten**. De Egger Skialm is een charmante almhut waar je kunt eten en drinken. Vlak erachter ligt het grotere Bergrestaurant Eggalm, met even mooi uitzicht maar iets meer plek en keuzemogelijkheden. Het Berggasthaus is een echt familiebedrijf, en vanaf hier vertrekken ook meerdere wandelingen van verschillende duur en zwaarte.

Een stukje cultuur en historie

Op kleinschalig niveau is er in het Tuxertal aandacht voor de geschiedenis en cultuur van het dal. In Madseit staat het **Mehlerhaus** 2, een driehonderd jaar oude woning die tot eind jaren 90 van de vorige eeuw werd bewoond, en nu is omgevormd tot cultuurcentrum en klein museum. Elke vrijdagmiddag tussen 13.00 en 18.00 uur is het Mehlerhaus open. Het levert een mooie blik op het vroegere leven in het dal.

Op verschillende vrijdagen in het winterseizoen wordt er in het Mehlerhaus in Madseit een lokale markt gehouden. Er zijn dan uitsluitend producten uit de streek te koop, zoals kaas, schnapps en andere Tiroler specialiteiten.

INFO

Tourismusverband Tux-Finkenberg: Lanersbach 401, 6293 Tux, tel. 52 87 85 06 (tegenover de Eggalmbahnen).

ETEN EN DRINKEN

De **Bergfriedalm** in Tux is alom geprezen. Dit vierhonderd jaar oude Gasthof serveert Tiroolse specialiteiten in het restaurant en zorgt voor een levendige après-ski in de Almbar: Lanersbach 475, 6293 Tux, tel. 52 87 87 23 933.

Uitneembare kaart: B 3 | **Plattegrond:** ▶ blz. 100

TUXERTAL

Bezienswaardig
1. Teufelsbrücke
2. Mehlerhaus
3. Jöchlhaus

Eten en drinken
1. Zum Sepp
2. Tuxertal Brauerei

Overnachten
1. Stock Resort
2. Aussicht
3. Hotel Jäger
4. Berghaus

Uitgaan
1. Hexenkessl
2. Die Kleine Tenne

Sport en activiteiten
1. Finkenberg
2. Skipower
3. Sunny
4. Tuxertal
5. Tux 3000

Voor de hele familie
Skischule Sunny ❸

Skischool voor de hele familie. In Pepis Kinderclub leren de allerkleinsten hun eerste stapjes op de piste.
Prijzen: € 70 voor een hele dag (vier uur), € 60 voor een halve (twee uur). Drie dagen € 155, vijf dagen € 185.
Eten & drinken tijdens de lunch: € 14 per dag. Lestijden zijn van 10-12 en van 13-15 uur. Voor volwassenen gelden dezelfde prijzen en lestijden.
Prijzen snowboardles: een dag € 60, drie dagen € 135. Ook materiaalverhuur aanwezig, vanaf € 20 per dag / € 80 per week.
Dorf 130, 6293 Finkenberg, tel. 660 77 43 222, www.skischulesunny.at

INFO

Tourismusverband Tux-Finkenberg:
Lanersbach 401, 6293 Tux, tel. 52 87 85 06, info@tux.at, www.tux.at, ma.-vr. 8-12, 13-18, za. 8-12 uur.

Tux M 2

plattegrond blz. 100

Smaller wordt het dal, hoger klimt de weg. De omringende bergtoppen rijzen tot ver boven de drieduizend meter. Op 1300 meter hoogte begint de gemeente Tux, de laatste in het Zillertal. Met de kernen Vorderlanersbach, Lanersbach, Madseit, Juns en Hintertux vormt Tux het hele jaar door een populaire bestemming. Via de Rastkogelbahn (Vorderlanersbach) en de Egglambahn (Tux) zijn er bovendien verschillende opties voor wie de piste op wil.

Het besneeuwde Tuxertal leidt uiteindelijk naar de Hintertuxer Gletscher.

Langlauflend door het dal

Tussen Vorderlanersbach en Madseit loopt niet alleen de enige weg door het dal, en de Tuxbach, parallel aan beide zijn er ook twee verschillende **loipes** aangelegd. Beide zijn ze zo'n veertien kilometer lang, één voor de klassieke stijl, één voor de schaatsstijl. Voor de loipes hoeft geen toegang betaald te worden; iedereen kan ze gebruiken. Let alleen goed op de richting van het spoor. Nieuw is de loipe van twee kilometer bij de Höllensteinhütte, een wat hoger gelegen berghut. Ook hier is het zowel mogelijk te langlaufen in klassieke stijl als schaatsstijl. Voor de loipes geldt wel een aantal regels. Altijd het rechterspoor gebruiken, niet wandelen op de loipe en ook honden mogen niet meegenomen worden.

Berghut voor van alles wat

Op 1740 meter hoogte ligt de **Höllensteinhütte**. Hier loopt niet alleen een langlaufloipe van twee kilometer, maar zijn meer bergactiviteiten. De wandeling naar boven vanuit Tux duurt een kleine anderhalf uur. Wie daar tegenop ziet, kan ook een taxi nemen. Slapen in de hut kan, er zijn meerdere kamers. Wie er enkel wil eten of wat wil drinken, kan er ook terecht. In de berghut is tevens een klein **boerderijmuseum** gevestigd. Een van de hoogtepunten is echter de **rodelbaan** die hier begint. Een vier kilometer lange, verlichte baan, waar ook 's avonds op gerodeld kan worden. Vanwege de veiligheid is er wel een aantal voorschriften die moeten worden aangehouden. Zie je onderweg een rood licht, rem dan af. Bij geel licht is het opletten en bij groen licht mag je zo snel als je wil. De berghut is alleen voor taxi's te bereiken, op speciale tijden. Ook het rodelen is aan tijden gebonden. Tot 10 uur 's ochtends, van 13.30-15.30, 17.30-18.30 en na 22 uur.

Lanersbach 510, 6293 Tux, tel. 664 15 75 004, www.hoellenstein-huette.at, kamers vanaf € 48

ETEN, DRINKEN, SLAPEN

Overnachten

Al generaties in de familie
Hotel Jäger

Bij de receptie hangen nog foto's van hoe het er vroeger uitzag, toen de eigenaar nog een klein jongetje was en zijn vader (en grootvader) het hotel bouwden. En hotel met historie dus, in een rustiek dorp.

Lanersbach 480, 6293 Tux, tel. 52 87 87 234, info@jaeger-tux.at, www.jaeger-tux.at, € 80 pp

Op de Eggalm, een compact skigebied in het Tuxertal, zijn verschillende berghutten te vinden.

Diep in het dal
Alpinhotel Berghaus ❹
Comfortabel hotel, volledig gericht op de bergen. Skideals mogelijk (combinatie verblijf en skipas) en activiteiten in de omgeving met gids.
Madseit 711, 6294 Tux, tel. 52 87 87 364, www.hotel-berghaus.at, vanaf € 75 pp

---

HET OUDSTE HUIS

Een van de oudste houten huizen van Noord-Tirol staat in Madseit: het **Jöchl-huis** ❸. Onderzoekers van de universiteit van Innsbruck stelden vast dat het ongeveer zeshonderd jaar oud is. Het huis is altijd bewoond gebleven, door generaties boerenfamilies. Tegenwoordig zijn er exposities te zien, tegen een kleine entreeprijs. Kijk voor meer informatie en openingstijden op www.dasaltehaus.at.

Eten en drinken

Restaurant, pension, bar, terras
Zum Sepp ❶
Tiroolse specialiteiten, voor zowel lunch, diner als huisgemaakte zoetigheden. Ook met fijn terras in de zon. Overnachten ook mogelijk (vanaf € 70).
Madseit 680, 6294 Tux, tel. 52 87 87 756, www.zumsepp.at

Hoogste brouwerij van het land
Tuxertal Brauerei ❷
Bier gebrouwen van gletsjerwater, geïnspireerd door de skiroutes en bergpassen in de omgeving. In vijf verschillende kleuren, en dus smaken. De 1280 staat voor zowel het jaar waarin het Tuxertal voor het eerst genoemd wordt, als de hoogte waarop het bier wordt gebrouwen.
Lanersbach 391, 6293 Tux, tel. 664 41 26 235, info@tuxertalbrauerei.at, www.tux1280.at, ma.-vr. 8-17, za. 8.30-12 uur

Hintertux ▶ Tux

 Uitgaan

Berucht in de wijde omgeving
Hexenkessl 🔴

Après-ski aan de voet van de Rastkogelbahn. Hier gaat het niet tot laat door, maar flink gefeest wordt er. Einde middag gaat het dak eraf, 's avonds keert de rust weer terug.
Vorderlanersbach 81, 6293 Tux, tel. 5287 8511, www.hexenkessl.tux.at, dag. 14-20 uur

Het kleine broertje van
Die Kleine Tenne 🔵

Bij het dalstation van de Hintertuxer Gletscher vind je Hohenhaus Tenne, een begrip in de après-skiwereld. Het kleine broertje ligt in Lanersbach, aan het einde van de piste naar het dorp. Voor laat op de avond, met meisjes in dirndl, schlagers – op maandag de in Tux wereldberoemde 'Antonia aus Tirol' – veel bier en een redelijke pizza.
Lanersbach 463, 6293 Tux, www.tenne.com, dag. 21-4 uur

SKISCHOLEN

In het Sporthaus
Skischule Tuxertal 🔵

In het Tuxer Sporthaus is Skischule Tuxertal gevestigd. Deze skischool biedt al cursussen aan in de herfst (eind september – eind december) op de Hintertuxer Gletscher. Voor kinderen vanaf 4 jaar, twee uur per dag: € 55. In de winter zijn kinderen vanaf 3 jaar welkom voor de bambinicursus. Prijzen: een dag (twee uur) € 62. Prijzen volledige dagcursus kinderen: een dag (vier uur les) € 72, drie dagen € 153, vijf dagen € 184. Voor € 13 is lunch en opvang tussen de middag ook verzorgd. Prijzen volwassenen: een dag (vier uur) € 76, drie dagen € 161. Ook materiaalverhuur mogelijk. Daarnaast mogelijkheden voor snowboard- of langlaufles en freeriden.
Hintertux 773, 6294 Tux, tel. 52 87 87 755, info@skischule-tuxertal.at, www.skischule-tuxertal.at.

Aan de voet van de Eggalmbahnen
Skischule Tux 3000 🔵

Privéskischool aan de voet van de Eggalmbahnen. Lessen voor volwassenen en kinderen vanaf zes jaar, daarnaast kun je hier ook terecht voor freeriden, skitouren, snowboarden, langlaufen of een gids die je door het gebied leidt. Prijzen: vijf uur (9.30-12 en 13-15.30 uur) € 280. Hiermee kun je tot drie personen meenemen in je les. Voor twee uur les betaal je € 140.
Lanersbach 402, 6293 Tux (bij Sport Nenner Outdoor)/Juns 598, 6293 Tux, tel. 52 87 86 112, info@tux-3000.at, www.tux-3000.at

Persoonlijk
Privatskischule Reinhard Wechselberger

De kleinste maar persoonlijkste skischool van Tux, zo omschrijft privéleraar Reinhard Wechselberger zichzelf. Zijn slogan: wie Reinhard Wechselberger boekt, skiet ook met Reinhard Wechselberger. Geeft les zowel op de piste als offpiste, en is ook te boeken voor skitouren in de Zillertaler Alpen. Prijzen: € 200 voor een hele dag (10-12, 13-15 uur), € 110 voor een halve dag (twee uur).
Lanersbach 468, 6293 Tux, tel. 52 87 87 240/67 64 04 09 20, info@skischule-lanersbach.at, www.skischule-lanersbach.at

Niet ver van de voet van de Eggalmbahnen kun je tussen december en eind februari zes dagen in de week het ijs op. Om te schaatsen, ijshockeyen of – de favoriete wintersport van veel Oostenrijkers – Eisstockschießen.
De ijsbaan (vier banen om te curlen/eisstockschießen) is open van 15-22 uur. Toegang: volwassenen € 5, kinderen € 2. Curling: € 9 per baan per uur. Reserveren is mogelijk: tel. 52 87 87 385.

 # 15

O OVERIGENS

Vanwege de sneeuwkwaliteit en mogelijkheid om het hele jaar door te skiën, is de Hintertuxer Gletscher een populaire trainingslocatie voor professionele skiërs. Meerdere nationale ploegen slaan hier door het jaar heen hun trainingskamp op. Dat is dus trainen op hoog niveau.

Het dak van het Zillertal – **Hintertuxer Gletscher**

Een skigebied zo hoog gelegen dat je er elke dag kan skiën. 365 dagen per jaar, of het nou een strenge winter is of hartje zomer. De Hintertuxer Gletscher maakt het Zillertal uniek, want nergens anders in Oostenrijk is dit mogelijk. Sterker nog, op Zermatt in Zwitserland na kan dit nergens anders ter wereld. Het skiën op de gletsjer is een ervaring op zich. En een heerlijke slag om de arm. Door de winter heen is de sneeuw hier vrijwel altijd van topkwaliteit, ook als het lager in het Zillertal minder is.

De Hintertuxer Gletscher is eigenlijk een verzamelnaam van twee gletsjers. De **Tuxer Ferner** en de **Riepenkees**. De gletsjers liggen helemaal aan het eind van het Tuxertal, waar de weg ophoudt en je alleen nog met een kabelbaan omhoog kan. Het dalstation van die Zillertaler Gletscherbahn ligt op 1500 meter hoogte, in Hintertux. In één ruk word je daar naar 2100 meter hoogte gebracht, naar de Sommerbergalm. Vanaf hier gaan meerdere skiliften verder het gebied in, en hoger de gletsjer op. De Gletscherbus 2 stijgt weer 560 meter, tot aan het Tuxer Fernerhaus. Wie daar meteen overstapt in de Gletscherbus 3 komt uit op de **Gefrorene Wand**, met 3250 meter hoogte het hoogste punt in het hele Zillertal waar je als skiër kan komen.

Altijd goede sneeuw

Het skigebied op de gletsjer biedt bijna zestig kilometer aan geprepareerde afdalingen. Omdat het hier vaak druk is, zijn veel pistes toegankelijk via dubbele liften. De pistes zelf zijn stuk voor stuk breed opgezet, een van de voordelen die het brede oppervlak van een gletsjer biedt. Daardoor is er ook op drukke dagen genoeg ruimte op de piste. Een ander voordeel is dat de sneeuw vrijwel altijd van topkwaliteit is. Vanwege de hoge ligging is het zelfs op zachte dagen in het dal nog steeds koud genoeg op de gletsjer. In de zomer wordt aangeraden

Hintertuxer Gletscher #15

INFO EN OPENINGSTIJDEN

Hintertuxer Gletscher: dagelijks geopend van 8.15-16.30 uur, het hele jaar door. Alleen bij hoge uitzondering, vanwege weer of onderhoud, kan dit veranderen. Prijzen in de winter: een skipas voor **Ski- & Gletscherwelt Zillertal 3000** (dat is het gebied inclusief de Eggalm, Rastkogel en Penken) is voor een volwassene voor een dag € 53,50, vijf dagen: € 221. De **Zillertaler Superskipass** geeft ook toegang tot al deze skigebieden, tel. 52 87 85 10.

APRES-SKI

Op 2100 meter ligt de **Sommerberg Arena**, waar van eind september tot begin mei de Schirmbar (tel. 52 87 85 10) voor een dagelijkse portie feest zorgt. Beneden in Hintertux moet je in Hohenhaus Tenne zijn. Dag.11-20 uur, info@tenne.com, tel. 52 87 85 01.

Uitneembare kaart: B 3

om vroeg in de ochtend te gaan skiën, vanwege de oplopende temperaturen overdag. Het zomerskigebied van de Hintertuxer Gletscher biedt twintig kilometer aan piste; alleen de hoger gelegen afdalingen zijn dan geopend.

Magnifiek uitzicht

Laat je niet afschrikken door de omvang van de gletsjer en de hoogte waar je op terechtkomt. Vanwege de goede sneeuwcondities en brede pistes is skiën ook voor de beginnende en gemiddelde skiër uitstekend te doen. Het skigebied bestaat voor het overgrote deel uit rode afdalingen, met een handvol blauwe pistes en twee zwarte. Daarnaast zijn er genoeg plekken om even uit te rusten. Het Tuxer Fernerhaus bijvoorbeeld, een groot restaurant in het midden van het gebied. Het mooiste uitzicht heb je op het **Panoramaterasse** van de Gefrorene Wand. Op 3250 meter hoogte heb je hier een indrukwekkend uitzicht over de Alpen.

Ontspannen kan onder meer op het terras van het Tuxer Fernerhaus, midden in het skigebied.

Hintertux M 2

Het hoogtepunt van het Zillertal, letterlijk én figuurlijk, is de Hintertuxer Gletscher. Skiën tot 3250 meter hoogte, het hele jaar door. 365 dagen per jaar de mogelijkheid om de sneeuw in te gaan. Met altijd goede sneeuwkwaliteit, brede pistes en ook eromheen genoeg te doen.

Een natuurlijk ijspaleis

Uiteraard, de Hintertuxer Gletscher biedt in de eerste plaats oneindig veel skiplezier. Maar er is meer. Zo'n tweehonderd meter onder het hoogste punt is er een **winters pretpark** opgezet met niets dan natuurlijke pracht. Zodra er ook maar één zonnestraal de grot van ijs bereikt, glinstert de hele ruimte in een schijnsel van honderd tinten blauw. Met een helm op en een veiligheidspal aan je riem volg je het pad door de binnenkant van de gletscher, lopend over een bevroren meer. Tot je op een gegeven moment zo'n vijfentwintig meter onder de pistes loopt, en je bij het '**IJspaleis**' bent: een ruimte vol adembenemende schoonheid, al was het maar vanwege de ijle lucht.

Diverse tours mogelijk, kijk voor prijzen, tijden en mogelijkheden op www.hintertuxergletscher. at. Een bezoek aan het Ice Palace is goed te combineren met een dag skiën op de gletscher

Nog meer ondergronds

Op tien minuten lopen van het Tuxer Fernerhaus, boven op de gletscher dus, ligt nog een paradijs in de berg verstopt. De Spannagelhöhle is een verzameling **marmergrotten** waar je in ongeveer een uur doorheen kunt lopen. Onder begeleiding van een gids daal je via een stenen trap af en loop je door ketelvormige erosiesporen, door de gletscher gevormde holtes en door water uitgesleten gangen. De Spannagelhöhle is ongeveer 12,5 kilometer lang, en wordt daarmee beschouwd als de grootste grot in de Alpen. Vanwege de ligging op de gletscher is het meteen de hoogst gelegen grot die je in Europa kunt bezoeken. Heb je aan een wandeling van één uur niet genoeg? Er zijn langere tours mogelijk, tot wel drie uur. De grot is het hele jaar door open. In de winter is een tour alleen vooraf telefonisch te boeken: tel. 52 87 87 251/664 51 58 273.

🏠 Aan de voet van de gletsjer
Hotel Kössler
Betaalbaar en dicht bij de gondel naar de gletsjer. Overnachting op basis van halfpension, ook saunamogelijkheden.
Hintertux 758, 6293 Hintertux, tel. 52 87 87 490, www.koessler.at, halfpension vanaf € 77 pp

🍴 Midden op de gletsjer
Tuxer Fernerhaus
Centraal gelegen in het skigebied op de gletsjer. Restaurant, bar, een terras met ligstoelen en gratis wifi. En dat allemaal op 2660 meter boven zeeniveau.
Sommerbergalm, 6294 Tux, tel. 52 87 85 10, www.hintertuxergletscher.at, dag. 9-16 uur

🍴 Hoger kan niet
Gletscherhütte
Wie dacht dat het Tuxer Fernerhaus al hoog lag, er kan nog een schepje

OVERIGENS

Avontuurlijke skiërs kunnen op de gletsjer hun energie kwijt op de fun slope. Te bereiken vanaf de Sommerbergalm (2100 meter hoogte) is er een gebied vol uitdagende pistes gecreëerd, vol sprongen, obstakels geluidseffecten en spelelementen. Met de Tuxerjoch stoeltjeslift kom je weer bovenaan het parcours uit, waardoor je het niet bij één keer hoeft te laten. Aan het eind van de dalafdaling (een rode piste) is het Flohpark Hintertux te vinden. Hier kunnen kinderen en beginners in alle rust het gevoel op ski's of snowboard krijgen, voordat ze aan het echte werk op de gletsjer gaan beginnen.

Hintertux ▶ Hintertux

bovenop. De Gletscherhütte ligt op 3075 meter boven zeeniveau. Spectaculair uitzicht gegarandeerd. Let op: alleen met cash betalen, pinnen is niet mogelijk hier.

Tel. 664 32 54 898, openingstijden gekoppeld aan het skigebied

❄ Freestylen!
Betterpark Hintertux
Freestylers kunnen op de gletsjer terecht in het Betterpark Hintertux. Op 3200 meter hoogte is dit een van de hoogst gelegen freestyleparken in Oostenrijk, en door veel liefhebbers wordt het gezien als het beste Snowpark van de Alpen. Het park is open van april tot begin juni en van half september tot december.

❶ Info
Veel informatie over het skigebied en de omgeving: www.hintertuxergletscher.at. Ook info over de sneeuwhoogte, weersverwachting en pistecondities. Parkeren: aan de voet van de Zillertaler Gletscherbahn is een groot parkeerterrein waar je gratis kunt parkeren. Bus: vanaf Mayrhofen gaat er een gratis skibus, die stopt voor de ingang van de gondel.

Brede pistes op de Hintertuxer Gletscher. Skiën kan hier tot 3.250 meter hoogte.

Reisinformatie

AANKOMST

Met het vliegtuig
In het winterseizoen vliegt Transavia (www.transavia.nl) vanaf meerdere luchthavens in Nederland (Schiphol, Den Haag/Rotterdam en Eindhoven) rechtstreeks op Innsbruck. Andere opties zijn de luchthavens van München en Salzburg, waar ook verschillende lowcostmaatschappijen op vliegen. Dan is de rit naar het Zillertal wel een stuk langer. In de aankomsthal van Innsbruck is een toeristeninformatie en vind je de balies van de internationale autoverhuurbedrijven.

Met eigen auto
Het Zillertal ligt op zo'n 900/950 km vanaf Utrecht, afhankelijk van het begin of het eind van het dal. Dat is ongeveer negen uur rijden. Het grootste deel van de route voert door Duitsland. In Oostenrijk is het verplicht een Autobahnvignet te bezitten. Dit is onder meer te verkrijgen via de ANWB: www.anwbvignetten.nl. Kosten: tien dagen € 11,95. Een heel jaar € 90,25. Via de Oostenrijkse snelwegbeheerder ASFINAG is het vignet tegenwoordig ook digitaal te verkrijgen; een sticker op je vooruit is dan niet meer nodig. Bestellen kan op www.shop.asfinag.at. Prijzen: tien dagen € 9, 2 maanden € 26,20, een jaar € 87,30. Let op: een digitaal vignet is pas achttien dagen na aanschaf geldig.

Douane
Nederlanders en Belgen die naar Oostenrijk reizen, dienen een geldig paspoort of een geldige Europese identiteitskaart bij zich te hebben om zich indien nodig te kunnen legitimeren. Kinderen moeten in het bezit zijn van een eigen reisdocument. Binnen de EU gelden geen beperkingen op de in- en uitvoer van goederen voor eigen gebruik. Voor wat wordt gezien als eigen gebruik gelden de volgende maximumhoeveelheden: 110 liter bier, 90 liter wijn (waarvan maximaal 60 liter mousserende wijn), 20 liter likeurwijn (zoals port of sherry), 10 liter gedistilleerde drank (zoals whisky, cognac of jenever), 800 sigaretten, 400 cigarillo's, 200 sigaren, 1 kilo rooktabak.

VAN DE LUCHTHAVEN NAAR JE VAKANTIEADRES

De luchthaven van Innsbruck ligt op ongeveer veertig kilometer van het begin van het Zillertal. Het is mogelijk om met bus en trein in het Zillertal te komen, maar dat is een tikkeltje omslachtig (bus vliegveld naar centrum/station Innsbruck, vervolgens de trein naar Jenbach en daar overstappen op de Zillertalbahn). Er gaan vanuit de verschillende plaatsen in het Zillertal taxidiensten van en naar de luchthaven. Taxi Kröll in Mayrhofen (www.taxikroell.com) biedt een luchthaventransfer aan vanaf € 125. Dat tarief geldt voor een tot drie personen. Gedeeld vervoer via bijvoorbeeld www.shuttledirect.com kan ook en is goedkoper. Dan kan een rit van de luchthaven naar Fügen al vanaf € 35 per persoon.

DIPLOMATIEKE VERTEGENWOORDIGING

Nederlandse ambassade in Oostenrijk: Opernring 5 (7e verdieping) 1010 Wenen, tel. 0043 58 93 90 (24 uur per dag, 7 dagen per week bereikbaar), wen@minbuza.nl. Openingstijden: ma.-vr. 8.30-17 uur. Bezoek alleen op afspraak.
Belgische ambassade in Oostenrijk: Schönburgstraße 10, 1040 Wenen, tel. 0043 15 02 070, vienna@diplobel.fed.be. Openingstijden: ma.-vr. 9-12 en 14-16 uur. Donderdagnamiddag op afspraak, austria.diplomatie.belgium.be.

DUURZAAM REIZEN

Milieuvriendelijk reizen per trein kan overdag en 's nachts. Een dagverbinding kent twee overstappen, in Duisburg en München. De totale reistijd vanaf Utrecht Centraal is ruim tien uur. Kijk voor tickets op www.nsinternational.nl. De nachttrein heeft één overstap maar duurt langer, ruim veertien uur. Er zijn diverse mogelijkheden als het gaat om comfort, zoals kiezen uit een zitplaats of een slaaprijtuig. Boeken kan via www.nsinternational.nl of www.nightjet.com. Prijs enkele reis: vanaf € 59. Vanaf Innsbruck stap je makkelijk over op de trein naar het Zillertal. Er gaat een directe verbinding naar Jenbach. In Jenbach stap je op de Zillertalbahn die helemaal tot aan Mayrhofen loopt. Meer informatie over het traject in Oostenrijk is te vinden op www.oebb.at.

KINDEREN

Kinderen zijn in het Zillertal overal welkom, ook in hotels en restaurants (meestal aanwezig). Op de piste is in elk skigebied speciale aandacht voor kinderen. Skischolen hebben aparte lesprogramma's. Kinderen vanaf 4 jaar gaan mee op groepsles, afhankelijk van de skischool zijn kinderen vanaf 2 jaar ook welkom voor een kleinschaliger les (maximaal twee kinderen per leraar). Buiten de piste zijn er Erlebnisbaden (zwembaden), zoals in Fügen, Zell am Ziller en Mayrhofen leuke uitjes voor kinderen.

KLIMAAT

Met ongeveer driehonderd dagen zon per jaar is het Zillertal een van de regio's in Oostenrijk met de meeste zonuren. Het dal staat bekend om de schone lucht, vanwege de hoogte en de ligging. In de wintermaanden is het hier om dezelfde reden een stuk kouder dan in de rest van Oostenrijk, maar vanwege de ruime aanwezigheid van de zon kan de gevoelstemperatuur nog steeds aangenaam zijn. Voor alle skigebieden geldt dat ze hoger in de bergen liggen, en daar is het zeker enkele graden kouder dan in het dal. Temperaturen tussen de 0 en -15 graden zijn geen uitzondering. In het hoogste deel van het gebied, de Hintertuxer Gletscher, kan het nog veel kouder zijn. De gletsjer ligt op 2600-3250 meter. Denk daarom altijd aan de juiste winterkleding (in lagen) en onderschat ook niet de kracht van de zon. Neem altijd zonnebrandcrème mee met hoge factor, en denk aan bescherming voor je lippen. Vanwege de weerkaatsing van de sneeuw is de uv-straling sterker. Gebruik de bescherming tegen de zon daarom ook op dagen dat het bewolkt is.
De beste reistijd is vanaf eind februari, begin maart. Dan lengen de dagen en zijn de lifttijden doorgaans wat ruimer. Op de gletsjer kan het hele jaar door geskied worden, dus daar is altijd sneeuw. Het hoogseizoen vindt plaats in twee fases. De eerste periode is rond kerst en de jaarwisseling, de tweede periode rondom carnaval (de krokusvakantie). Hotelprijzen zijn dan significant hoger dan daarbuiten.

OVERNACHTEN

In het Zillertal is er voor iedere smaak en portemonnee onderdak. De prijzen hangen behalve van de kwaliteit ook van het seizoen af. In het laagseizoen kun je al voor € 40 een kamer in een viersterrenhotel krijgen, maar tijdens de drukke weken rond kerst of carnaval kost diezelfde kamer al snel € 150. Ontbijt is meestal bij de kamerprijs inbegrepen. Een eenpersoonskamer kost rond 20% minder dan een tweepersoonskamer.

Hotels
De meeste hotels hebben een tot en met vijf sterren. Een middenklassehotel heeft drie of vier sterren. Ook de eenvoudigere hotels die hier worden aanbevolen, hebben allemaal een eigen badkamer.

Gasthof
In het Zillertal is het heel gebruikelijk om in een Gasthof te overnachten. In elk

Reisinformatie

(toeristisch) dorp zijn er genoeg te vinden, meestal klein en vaak ook inclusief ontbijt en avondeten (halfpension). Prijzen verschillen per aanbieder, ook afhankelijk van de reisperiode en de ligging ten opzichte van een skigebied. Doorgaans zijn accommodaties in bestemmingen zonder eigen skigebied een stuk goedkoper.

Appartementen en vakantiehuizen

Ook vanuit Nederland worden er genoeg appartementen en vakantiehuizen aangeboden in het hele Zillertal. Het aanbod is groot, zeker in de bestemmingen met een skigebied binnen handbereik. Verschillende aanbieders zijn Belvilla (www.belvilla.nl), Interhome (www.interhome.nl) of EuroRelais (www.eurorelais.nl).

Hostels en jeugdherbergen

Hoewel niet heel veel, zijn er enkele jeugdherbergen en hostels te vinden in het Zillertal. Kijk daarvoor op www.hostelz.com of www.dutch.hostelworld.com. Met name in de buurt van Mayrhofen zijn er mogelijkheden. Prijs: ongeveer € 29 pp. Een heel huis is ook te huur voor € 290 (bezetting van tien personen), plus € 50 schoonmaakkosten.

Campings

Voor veel mensen zal het geen optie zijn, maar een wintersportvakantie combineren met kamperen kan. In het Zillertal en omgeving zijn diverse opties met campings die het hele jaar door open zijn. In Fügen ligt de Feel Good Camping van Hell's Ferienresort Zillertal (www.hells-ferienresort.at) met een wintercamping. Ook Camping Zillertal, net buiten Zell am Ziller, blijft in de winter open. Meer informatie: www.camping-zillertal.at. Prijzen: vanaf € 7,90 per volwassene, plus € 8,90 voor een plaats met één auto met caravan (of camper). Op www.anwb.nl is meer informatie te vinden over winterkamperen, met tips en handigheidjes.

Campers

Campers zijn op de meeste campings welkom. Toch mag je in Oostenrijk niet overal met je camper blijven staan om te overnachten. Hiervoor zijn specifieke camperplaatsen waar je één nacht verblijft en daarna weer doorreist. Deze camperplaatsen zijn te vinden bij bijvoorbeeld boerderijen, gasthofen of sportvelden. Verspreid over heel Oostenrijk zijn er ongeveer tweehonderd.

REIZEN MET EEN BEPERKING

De infrastructuur van het Zillertal is over het algemeen goed ingericht voor mensen met een beperking. Zowel buiten als op de piste zijn er voorzieningen. Vanuit Nederland worden er via verschillende platformen reizen aangeboden voor mensen met een fysieke of verstandelijke beperking, waarbij de nadruk nog steeds op skiën of langlaufen ligt.

SPORT EN ACTIVITEITEN

Skiën en snowboarden

Dit is uiteraard de reden voor een bezoek aan het Zillertal in de winter. Met een Zillertal Superskipass heb je toegang tot alle verschillende skigebieden binnen het Zillertal, van de Spieljoch in Fügen tot aan de Hintertuxer Gletscher. Daarnaast kun je met de skipas ook gratis gebruik maken van het openbaar vervoer in het dal, inclusief de trein. Prijzen: volwassenen betalen voor twee dagen € 105,50, zes dagen (doorgaans het aantal skidagen tijdens een week wintersport) € 256,50. Jongeren (15-18 jaar) betalen € 84,50 voor twee dagen, € 205 voor zes dagen.

VOORAF RESERVEREN

In het hoogseizoen is het belangrijk tijdig een kamer te reserveren, want dan brengen ook veel Oostenrijkers en Duitsers hun vakantie door in het Zillertal. Kamers in de duurdere hotels zijn gewoonlijk een stuk goedkoper als je ze via de website van het hotel of via een reserveringsportaal als Booking.com reserveert.

Reisinformatie

> ### LAWINEGEVAAR
>
> Wil je offpiste skiën? Doe dat onder begeleiding van een gekwalificeerde berggids en let vooraf altijd op de lawineberichten. Veranderlijke weersomstandigheden kunnen leiden tot lawinegevaar, en dat betekent dat je jezelf buiten de piste in levensgevaarlijke situaties brengt. Op de website www.lawinen.at is een overzicht te vinden voor de lawinesituatie in heel Oostenrijk. Hou daarnaast zelf het weerbericht in de gaten en vraag informatie op bij de toeristische dienst of skischolen, voordat je besluit offpiste te gaan.

Prijzen voor kinderen (jonger dan 14): twee dagen € 47,50, zes dagen € 115. Kinderen tot en met 5 jaar kunnen gratis gebruik maken van de liften en faciliteiten. De skipas is aan te schaffen bij elke gondellift, aan de kassa van het dalstation. Meer informatie: www.zillertal.at.

Langlaufen
Een andere populaire winteractiviteit in het Zillertal is langlaufen. Door het hele dal zijn verschillende loipes te vinden, uitgezette parcours waarop gelanglauft kan worden, zoals in Fügen, Zell am Ziller, Mayrhofen, Gerlos, Pinzgau en Krimml-Hochkrimml. Er hoeft geen toegang betaald te worden voor het gebruik van de loipes, wel dien je je aan een aantal regels te houden. Meer informatie is te vinden op www.zillertal.at, www.zillertalarena.com en www.mayrhofen.at.

Wandelen
De prachtige, bergrijke omgeving van het Zillertal nodigt naast het skiën en langlaufen ook uit tot wandelen. Er zijn talloze wandelroutes te vinden, kijk daarvoor bij de toeristische informatiedienst of op de websites van de verschillende verkeersbureaus. Naast wandelen is het ook mogelijk om te gaan sneeuwschoenwandelen. Hierbij maak je gebruik van twee rackets onder je voeten en twee stokken (vergelijkbaar met Nordic walking). Sneeuwschoenwandelen zorgt voor extra wandelmogelijkheden buiten de reguliere routes, omdat je op deze manier niet wegzakt in de sneeuw en daardoor dieper de natuur in kunt. Let wel op dat je uitgezette routes blijft volgen en niet verdwaalt. Diverse skischolen in het Zillertal bieden naast ski- en snowboardles ook sneeuwschoenexcursies aan. Je gaat dan met een gekwalificeerde gids op pad die niet alleen de weg kent, maar onderweg ook vertelt over de omgeving.

Wellness
Het overgrote deel van de hotels in het Zillertal beschikt over eigen sauna- of wellnessmogelijkheden. De vuistregel is dat je er vanaf viersterren bij je accommodatie vanuit kunt gaan dat er een spa, wellness of zwembad bij zit. Heb je een accommodatie zonder deze mogelijkheden, in onder meer Fügen (Erlebnistherme Zillertal – www.erlebnistherme-zillertal.at) en Mayrhofen (Erlebnisbad Mayrhofen) zijn grote wellnesscentra te vinden. Voor een volledig overzicht van wellnessmogelijkheden in het Zillertal, kijk op: www.zillertal.at/tipps.wellness.

Zwemmen
Voor zwemmen geldt hetzelfde als voor spa- en wellnessactiviteiten. De grotere plaatsen in het Zillertal hebben een binnenzwembad dat ook in de winter open is. De Erlebnistherme Zillertal in Fügen zijn een van de meest omvangrijke, waar kinderen zich urenlang kunnen vermaken.

TOERISTENINFORMATIE

In Nederland en België
Oostenrijks Toeristenburo: Postbus 17287, 1001 JG Amsterdam, www.austria.info / info@austria.info.
In het Zillertal: Zillertal Tourismus, Bundesstraße 27d, 6262 Schlitters, tel. 52 88 87 187, www.zillertal.at. Openingstijden: ma.-do. 8.30-12 en 13-17.30, vr. 8.30-12 uur. Alle toeristisch interessante plaatsen hebben een toeristenbureau (de adressen vind je in de streekhoofdstukken).

Reisinformatie

VERVOER

Huurauto
Alle belangrijke verhuurbedrijven hebben een balie op de luchthaven, onder andere AVIS, Europcar en Hertz. Om een auto te mogen huren moet de bestuurder ten minste 21 jaar oud zijn en minstens een jaar een rijbewijs bezitten. De borg voor het huren verschilt per bedrijf en kan tot € 1000 oplopen (contant of per creditcard). Het valt aan te raden een volledige cascoverzekering met afkoop van eigen risico te nemen. Het is bijna altijd voordeliger om voor vertrek op internet een huurauto te regelen. Een handige, overkoepelende website is www.sunnycars.nl. Je huurauto is dan standaard optimaal verzekerd, en – op extreme gevallen na – wordt je eigen risico aan je terugbetaald. Je huurt dan altijd all-in, hebt geen boekingskosten en 24 uur per dag support indien nodig.

Tolsysteem
Op de snelwegen in Oostenrijk geldt de verplichting voor een Autobahnvignet. Huurauto's zijn standaard uitgerust met een vignet, daar hoef je niet extra voor te betalen. Zowel de bestuurder als elke passagier in de auto moet in het bezit zijn van een veiligheidshesje. Dit is verplicht. Bij de huurauto wordt standaard één veiligheidshesje meegeleverd. Voor € 2,50 is het mogelijk een hesje aan te schaffen bij de autoverhuurder.

Verkeersregels
Het dragen van veiligheidsgordels is verplicht en het toegestane alcoholpromillage in het bloed is maximaal 0,5. De maximumsnelheden bedragen 50 km/h binnen de bebouwde kom, 100 km/h buiten de bebouwde kom en 130 km/h op snelwegen. De politie deelt al bij kleine snelheidsoverschrijdingen fikse boetes uit. Op snelwegen wordt regelmatig geflitst. Kijk voor verkeersregels op www.anwb.nl/vakantie/oostenrijk.

Winterbanden
In Oostenrijk zijn winterbanden verplicht bij winterse omstandigheden tussen 1 november en 15 april. Er staan boetes tot € 5000,- op het niet gebruiken van winterbanden; daarnaast kun je aansprakelijk gesteld worden bij ongelukken. De kans bestaat dat de verzekering niet of minder uitbetaalt omdat je niet de juiste voorbereidingen hebt getroffen. In Oostenrijk markeert een rond blauw bord met een band met sneeuwketting dat je verplicht sneeuwkettingen moet monteren. Datzelfde bord met een rode streep erdoor geeft aan dat je de kettingen weer mag verwijderen. Het gebruik van sneeuwkettingen in lange tunnels is niet toegestaan.

VEILIGHEID EN NOODGEVALLEN

Het Zillertal geldt als een veilig reisgebied. Toch is het verstandig enkele voorzorgsmaatregelen te nemen. Berg waardevolle spullen, grote geldbedragen en je papieren op in de hotelkluis, indien aanwezig. Laat dure ski's en skischoenen niet onbewaakt achter in de openbare opbergruimten (bij bijvoorbeeld liftstations of skischolen) en parkeer je huurauto niet op afgelegen plekken. Alleenreizende vrouwen hoeven in het Zillertal in de regel niet bang te zijn op straat te worden lastiggevallen door opdringerige mannen.
Blokkeren van pinpas of creditcard: 0031 30 283 53 72, www.pasblokkeren.nl; voor België: 0032 70 34 43 44, www.cardstop.be.

Belangrijke telefoonnummers:

EU-noodnummer: 112	Reddingsdienst: 144
Brandweer: 122	Bergredding: 140
Politie: 133	Artsencentrale: 141

Hoe zegt u?

Register

A
Aankomst 109
Ahorn 90
Ahornbahn 82
Ahornhütte 90
Almabtrieb 59
après-ski 66
Arena Coaster 46, 51
Armação de Pêra 36
Aschau im Zillertal 40
autobahnvignet 109

B
Brandberg 87

C
Cabo São Vicente 18
Campings 111
curling 76, 103

D
Diplomatieke vertegenwoordiging 109
Dornau 96
Douane 109
Duurzaam reizen 110

E
Eggalm 99
Eggalmbahn 99
eisstockschießen 76
Eten en drinken 10

F
Faro 58
Finkenberg 96
Flohpark Hintertux 107
freestyle 30, 55, 86, 108
Fügen 20, 26

G
Gefrorene Wand 104
Gerlos 62
Gerlos Alpenstraße 78
Gerlospas 62, 63
Gerlosstein 54
Ginzling 89
Gletscherhütte 108
goudwinning 58, 63
Großglockner 78
Grüner Veltliner 11

H
Hainzenberg 54
Harakiri 84
Hart im Zillertal 21
helikoptervluchten 84
Hintertux 95, 101, 107
Hintertuxer Gletscher 104
Hintertuxer Gletsjer 81, 95
Hippach 89
Hoarberg 89
Hochfügen 20, 30
Hochgebirgs Naturpark Zillertaler Alpen 96
Hochkrimml 73
Hochzillertal 19
Höllensteinhütte 101
Horbergtal 86
Hostels 111
Huurauto 113

I
iglo 91
Isskogel 55

J
Jenbach 82
Jeugdherbergen 111
Jöchl-huis 102
Juns 101

K
Kaiser-Franz-Joseph Hütte 32
Kaiserschmarrn 10
Kaltenbach 15, 38
Karspitzbahn 54
Kinderen (op vakantie met) 110
Klimaat 110
Königsleiten 68
Königsleitenspitze 55
Krimml 62, 76, 78
Krimmler Ache 78
Kristalhütte 35
Krummbachalm 74
Krummbachtal 74

L
Lackenalm 75
Lanersbach 101
langlaufen 28, 31, 73, 74, 88, 101, 103, 112
lawinegevaar 112

M
Madseit 99, 101
Mayrhofen 81, 82
Mehlerhaus 99
Mineraalmuseum 73
Mineralien- und Bergkristallmuseum 96
Mittersill 79
Monchique 51
Museum Mittersill 79

N
Nationaal Park Hohe Tauern 62, 78
Nationalpark Welten 79
Naturpark Zillertaler Alpen 89
Niederhart 21

O
Overnachten 110

P
Paardrijden 111
Penkenbahn 82, 85
Persal 96
Polsingerhaus 48
Ponta da Piedade 38
Portimão
– Museu de Portimão 34
Prölleralm 74

R
Reizen met een beperking 111
Ried im Zillertal 33
Riepenkeesgletsjer 104
Rocha da Pena 54
rodelen 76
Rosenalmbahn 54
Rots-Algarve 15

S
Salzachtal 58
Salzburgerland 63
schaatsen 103
Schlitters 17
Schloss Fügen 25
Schneekarhütte 85

Register

Schönachtal 74
Skischolen 28, 36, 41, 45, 65, 70, 86, 93, 97, 103
sneeuwschoenwandelen 5, 21, 33, 55, 75, 112
Snowbombing 82
Sommerberg Arena 105
Spannagelhöhle 107
Spieljoch 18
Spieljochbahn 16
Stackerlalm 75
sterrenwacht 69
Stilluptal 91
Stinkmoosalm 74
Stranden 8
Strass im Zillertal 16
Streekproducten 69

T
Teufelsbrücke 96
Tirol 82
Toeristische informatie 112
Tux 101
Tuxer Fernergletsjer 104
Tuxertal 95, 96, 98

V
Vakantiehuizen 111
Veiligheid 113
Verkeersregels 113
Vervoer 113
Vorderlanersbach 101

W
Wald im Pinzgau 71
wandelen 20, 21, 25, 55, 74, 89, 91, 101, 107, 112
waterval 89
Wedelhütte 34
Wellness 112
Wijn 64
Wimbachexpress 38

Z
Zell am Ziller 44
Zemmrgrund 89
Zillergrund 88
Zillertal 22
Zillertalbahn 4, 6, 22
Zillertal Bier 48
Zweigelt 11
Zwemmen 112

Paklijst

> DATUM

> AANTAL DAGEN

> HET WEER

○ WARM ○ KOUD ○ NAT

> BASISUITRUSTING

- ANWB EXTRA
- PASPOORT/ID-KAART
- TICKETS & VISUM
- RIJBEWIJS
- BANKPASSEN
- MEDICIJNEN
- VERZEKERINGEN
- HOTELADRES

C CHECK

> TOILETARTIKELEN

> KLEDING

> DIVERSEN

> ELEKTRONICA

Mijn tripplanner

DAG 1

- Blz ...... MUST SEE ....
- Blz ....
- Blz ....
- Blz ....
- Blz ....
- Blz ....
- Blz ...... ETEN EN DRINKEN ....
- Blz ....

DAG 2

- Blz ...... MUST SEE ....
- Blz ....
- Blz ....
- Blz ....
- Blz ....
- Blz ....
- Blz ...... ETEN EN DRINKEN ....
- Blz ....

DAG 3

- Blz ...... MUST SEE ....
- Blz ....
- Blz ....
- Blz ....
- Blz ....
- Blz ....
- Blz ...... ETEN EN DRINKEN ....
- Blz ....

DAG 4

- Blz ...... MUST SEE ....
- Blz ....
- Blz ....
- Blz ....
- Blz ....
- Blz ....
- Blz ...... ETEN EN DRINKEN ....
- Blz ....

Notities

MUST SEE..	Blz ......
....	Blz ......
....	Blz ......
....	Blz ......
....	Blz ......
....	Blz ......
ETEN EN DRINKEN...	Blz ......
....	Blz ......

DAG 5

MUST SEE..	Blz ......
....	Blz ......
....	Blz ......
....	Blz ......
....	Blz ......
....	Blz ......
ETEN EN DRINKEN...	Blz ......
....	Blz ......

DAG 6

MUST SEE..	Blz ......
....	Blz ......
....	Blz ......
....	Blz ......
....	Blz ......
....	Blz ......
ETEN EN DRINKEN...	Blz ......
....	Blz ......

DAG 7

....	Blz ......
....	Blz ......
....	Blz ......
....	Blz ......
....	Blz ......
....	Blz ......
....	Blz ......

E EXTRA

Notities

Notities

T TIPS

Favoriete plekken – **review**

> OVERNACHTEN

ACCOMMODATIE ▶ ....
ADRES/BLADZIJDE ....
PRIJS ● € ● €€ ● €€€
NOTITIE ....
....

> ETEN EN DRINKEN

RESTAURANT ▶ ....
ADRES/BLADZIJDE ....
PRIJS ● € ● €€ ● €€€   CIJFER
VOORGERECHT .... ●
HOOFDGERECHT .... ●
NAGERECHT .... ●
NOTITIE ....
....

RESTAURANT ▶ ....
ADRES/BLADZIJDE ....
PRIJS ● € ● €€ ● €€€   CIJFER
VOORGERECHT .... ●
HOOFDGERECHT .... ●
NAGERECHT .... ●
NOTITIE ....
....

RESTAURANT ▶ ....
ADRES/BLADZIJDE ....
PRIJS ● € ● €€ ● €€€   CIJFER
VOORGERECHT .... ●
HOOFDGERECHT .... ●
NAGERECHT .... ●
NOTITIE ....
....
....

Notities

> WINKELEN

WINKEL ▶
ADRES/BLADZIJDE
NOTITIE

WINKEL ▶
ADRES/BLADZIJDE
NOTITIE

> UITGAAN

GELEGENHEID ▶
ADRES/BLADZIJDE
NOTITIE

GELEGENHEID ▶
ADRES/BLADZIJDE
NOTITIE

> EXTRA

EXTRA ▶
ADRES/BLADZIJDE
NOTITIE

EXTRA ▶
ADRES/BLADZIJDE
NOTITIE

EXTRA ▶
ADRES/BLADZIJDE
NOTITIE

Fotoverantwoording

Andre Schoenherr: blz. 92
Bas van Oort: blz. 4, 6, 8/9, 14/15, 18, 23, 26, 33, 42/43, 54, 56/57, 58, 59, 62, 63, 64, 65, 68, 72, 82, 96, 101, 102
Christoph Taferl: blz. 21
FeurrWerk: blz. 38
Laurin Moser: blz. 73
Marco Rossi: blz. 107
Mayrhofner Bergbahnen: blz. 80/81, 85, 87
MMB: blz. 91
WikiCommons: 36
Wörgötter & Friends: blz. 16, 29, 41
Zillertal Tourismus: blz. 4, (Elisabeth Hauser), 5 (SkiMovie) 11 (Blickfang Photographie), 34, 35, 41, 45, 48, 52/53 (Pistenkarte), 75 (Thomas Straub), 77, 94/95, 98 (Thomas Straub), 108 (Elisabeth Hauser)

Colofon

Hulp gevraagd!
De informatie in deze reisgids is aan verandering onderhevig. Het kan dus wel eens gebeuren dat je ter plaatse een andere situatie aantreft dan de auteur.
Is de tekst niet meer helemaal correct, laat ons dat dan even weten.

Ons adres is:
Uitgeverij ANWB
Redactie KBG
Postbus 93200
2509 BA Den Haag
anwbmedia@anwb.nl

Productie: Uitgeverij ANWB
Coördinatie: Els Andriesse
Tekst: Uitgeverij ANWB
Eindredactie: Geert Renting
Opmaak omslag: Atelier van Wageningen
Opmaak: Hubert Bredt
Opmaak notitiepagina's: Studio 026
Concept: DuMont Reiseverlag
Grafisch concept: Eggers+Diaper
Cartografie: DuMont Reisekartografie

© 2018 ANWB bv, Den Haag
Eerste druk
ISBN: 978-90-18-04495-4

Alle rechten voorbehouden
Deze uitgave werd met de meeste zorg samengesteld. De juistheid van de gegevens is mede afhankelijk van informatie die ons werd verstrekt door derden. Indien die informatie onjuistheden blijkt te bevatten, kan de ANWB daarvoor geen aansprakelijkheid aanvaarden.